ulmer

Matthias Knorr

COCKTAIL ESSENTIALS

Inspiration, Technik und Aromenvielfalt:
Das Cocktail-Handbuch der Profis

BARSCHULE MÜNCHEN ACADEMY OF MODERN BARTENDING

The Soda Company GOLDBERG & Sons

Co-Autoren
Anna Knorr und Tobias Wilhelm

Warum ein weiteres Cocktailbuch? Weil gutes Wissen nicht stehen bleibt – und weil sich in den letzten zehn Jahren viel in der Welt der Cocktails verändert hat. Seit meinem ersten Buch vor zehn Jahren ist unglaublich viel passiert: neue Aromen, neue Stilrichtungen, neue Perspektiven. Cocktail Essentials ist meine Antwort auf diese Entwicklung – ein aktuelles, praxisnahes Werk, das dir helfen soll, Cocktails und Spirituosen wirklich zu verstehen.

Was steckt in einer Spirituose? Wie ist sie aufgebaut? Was kann man wahrnehmen? Und wie kann man auf jedem Level – ob als Profi oder Einsteiger – bessere Drinks kreieren?

Genau diese Fragen will dieses Buch beantworten. Es geht um Orientierung und Hintergrundwissen, aber auch um ganz konkrete Tipps für einen besseren Geschmack im Glas.

Entstanden ist das Buch auch durch viele Gespräche mit ehemaligen Schülern und Schülerinnen der Barschule München. Seit über 20 Jahren geben wir dort unser Wissen weiter und haben unzählige Menschen auf ihrem Weg in die Barwelt begleitet. Viele von ihnen fragen bis heute: „Wann kommt ein Buch, das genau das widerspiegelt, was ihr in der Barschule lehrt?" „Cocktail Essentials" soll genau das sein: ein modernes Nachschlagewerk und ein Wegweiser – nicht nur für heute, sondern auch für morgen.

Es richtet sich an Profis, die ihr Know-how auffrischen oder vertiefen wollen, sowie wie an alle, die einfach Lust auf gute Drinks haben und diese bewusster genießen möchten. Es geht nicht um Regeln, sondern um Möglichkeiten. Nicht um Perfektion, sondern um Verständnis und Freude an Qualität.

Ich wünsche dir viel Freude beim Lesen, Mixen und Entdecken – und vielleicht begegnen wir uns ja: an der Bar, in einem Kurs oder bei einem richtig guten Drink.

Herzlichst,
Matthias Knorr

Willkommen!

BAR BASICS

Was macht einen perfekten Drink aus?

↓

Ein perfekter Cocktail entsteht durch die harmonische Kombination von Geschmack, Textur, Balance und Präsentation. Dabei spielen mehrere Faktoren eine wesentliche Rolle.

Geschmack

Geschmack bezieht sich auf die gustatorische Wahrnehmung, die über die Geschmacksknospen auf der Zunge erfolgt. Diese Wahrnehmung wird durch die fünf grundlegenden Geschmacksrichtungen geprägt:

Süß: weist auf Kohlenhydrate und Energiequellen hin.

Sauer: warnt vor verdorbenen Lebensmitteln und signalisiert den Säuregehalt.

Salzig: hilft, den Elektrolythaushalt zu regulieren.

Bitter: dient als Warnsignal vor potenziell giftigen Substanzen.

Umami: bezieht sich auf den herzhaften, proteinreichen Geschmack.

Geschmack ist also die direkte Reaktion unserer Geschmacksknospen auf chemische Verbindungen in einem Getränk. Er beeinflusst stark, wie wir die Balance zwischen Süße, Säure, Bitterkeit und anderen Geschmacksrichtungen wahrnehmen.

Balance der Geschmacksrichtungen und deren Wahrnehmung

Ein ausgewogener Cocktail vereint Süße, Säure, Bitterkeit, Salzigkeit und Alkohol in einem harmonischen Verhältnis, sodass keine einzelne Komponente die anderen überlagert. Diese Balance kann sich auf verschiedene Weise manifestieren:

Süß-Sauer: Klassiker wie der Whisk(e)y Sour oder die Caipirinha zeigen, wie die Süße die Säure ausgleicht und ein erfrischendes Geschmackserlebnis schafft.

Bitter-Süß: Drinks wie der Negroni oder der Old Fashioned leben von der Balance zwischen Bitterkeit und Süße, die Tiefe und Komplexität in den Cocktail bringt.

Stark-Leicht: Cocktails wie Gin & Tonic oder Dark & Stormy kombinieren die Stärke der Spirituose mit leichteren Komponenten wie Tonic Water oder Ingwerbier, was ein erfrischendes und gleichzeitig kräftiges Getränk ergibt.

Temperatur-Verwässerung: Die Balance zwischen Kälte und potenzieller Verwässerung durch schmelzendes Eis spielt eine große Rolle, z. B. in einem Margarita, der eiskalt und mit der richtigen Verwässerung serviert werden sollte.

Süß-Salzig: Der Margarita zeigt diese Balance perfekt, indem ein salziger Rand am Glas die Süße und Säure verstärkt und ein stimulierendes Geschmackserlebnis erzeugt wird.

Bitter-Salzig: Eine seltene, aber wirkungsvolle Kombination, die zu einem intensiven und überraschenden Geschmackserlebnis führt.

Fett-Süß: Cocktails wie Piña Colada oder White Russian setzen auf die Balance zwischen cremiger, fettreicher Textur und Süße, was einen vollmundigen und reichhaltigen Geschmack schafft.

Diese Balancen gehen weit über die bloße Abstimmung von Zutaten hinaus und beinhalten die Kunst, die verschiedenen Geschmacksrichtungen so zu kombinieren, dass sie im Mund harmonisch zusammenwirken. Ein Cocktail kann mehrere dieser Balancen in sich vereinen, was ihn besonders komplex und vielschichtig macht. Ein Margarita beispielsweise kombiniert die süß-saure Balance mit einer salzig-süßen Komponente, während ein Negroni die bitter-süße Balance mit einer stark-leichten Textur vereint.

Aromen (Riechen)

Aroma bezieht sich auf die olfaktorische Wahrnehmung flüchtiger Verbindungen, die durch die Nase aufgenommen werden. Es handelt sich um die Duftstoffe, die wir wahrnehmen, wenn wir ein Getränk riechen oder wenn sie beim Trinken durch den retronasalen Weg vom Mundraum in die Nase gelangen. Aromen sind die ersten Sinneseindrücke, die uns helfen, die Qualität und den Charakter eines Cocktails einzuschätzen.

Primäre Aromen sind leicht flüchtige chemische Verbindungen, die natürlicherweise in den Rohzutaten wie Früchten, Kräutern oder Gewürzen vorhanden sind.

Sekundäre Aromen entstehen durch mechanische, thermische oder enzymatische Prozesse, wie das Zermahlen von Kräutern oder das Erhitzen von Gewürzen.

Tertiäre Aromen entwickeln sich durch Reifung und Lagerung, wie es bei gealterten Spirituosen der Fall ist.

Diese Aromen tragen wesentlich zur Gesamterfahrung bei, da sie starke Assoziationen wecken und oft die Erwartungshaltung für den Geschmack setzen.

Textur

Die Textur ist ein weiteres Schlüsselelement. Ein Cocktail kann cremig, schaumig oder erfrischend sprudelnd sein, wobei die Textur durch die Art des Eises, die Mischung und die verwendeten Zutaten bestimmt wird. Ein gut geschüttelter Cocktail hat oft eine samtige Textur, während ein gerührter Drink glatt und klar wirkt.

Hochwertige Zutaten

Hochwertige Zutaten sind unverzichtbar. Die Qualität der Spirituosen, Säfte, Sirupe und Garnituren bestimmt maßgeblich den Geschmack. Frische Zutaten wie Zitrussäfte und Kräuter sowie die richtige Wahl des Eises beeinflussen das Endergebnis. Dies betrifft auch die Qualität und Frische der aromatischen Komponenten, die den Duft und damit den ersten Eindruck eines Cocktails wesentlich prägen.

Präzise Technik

Die präzise Technik bei der Zubereitung ist ebenso wichtig. Ob ein Cocktail geschüttelt, gerührt oder direkt im Glas zubereitet wird – jede Methode hat spezifische Auswirkungen auf Geschmack, Textur und Aroma. Die Technik beeinflusst, wie die Aromen sich entfalten und mit den Geschmacksrichtungen interagieren.

Präsentation

Die Präsentation spielt ebenfalls eine große Rolle. Ein ansprechend garnierter Drink in einem passenden Glas verstärkt das visuelle und sensorische Erlebnis und macht den Genuss noch intensiver. Die Garnitur kann zusätzlich aromatische Noten hinzufügen, die den Gesamtcharakter des Cocktails unterstreichen.

Kreativität und persönliche Präferenz

Kreativität und persönliche Präferenz dürfen nicht fehlen. Ein perfekter Cocktail kann durch innovative Zutaten oder unkonventionelle Kombinationen hervorstechen und muss vor allem den individuellen Geschmack des Trinkenden treffen.

Flavour

Unter Flavour versteht man die Integration von Aromen und Geschmacksrichtungen, zusammen mit der Textur (wie cremig oder prickelnd) und Temperatur (wie kalt oder warm) des Getränks. Der Flavour eines Cocktails entsteht also nicht nur durch die Zutaten selbst, sondern auch durch ihre Zubereitung, Präsentation und die sensorischen Eindrücke, die sie erzeugen.

Ein gut balancierter Cocktail bietet ein harmonisches Flavour-Profil, bei dem Aroma und Geschmack in perfektem Einklang stehen. Das Verständnis dieser Unterschiede und ihr Zusammenspiel ist wesentlich, um Cocktails so zu gestalten, dass sie ein abgerundetes Trinkerlebnis bieten. Die Beherrschung der Aromenkombination, die Balance der Geschmacksrichtungen und die Schaffung eines vollständigen Flavour-Profils sind Schlüsselkompetenzen in der kreativen Mixologie.

DIE DNA EINES COCKTAILS

Jeder Cocktail hat eine eigene „DNA", eine Grundstruktur, die die Essenz des Getränks ausmacht und die Basis für Variationen bildet. Beispiele sind die Sour-Struktur (Zitrus, Süß, Spirituose) oder die Martini-Struktur (Spirituose, Verstärker). Ein tiefes Verständnis dieser Strukturen ermöglicht kreative Abwandlungen, ohne die Balance zu verlieren.

In der Praxis erfordert die Bewahrung dieser Balance sorgfältiges Messen, Anpassen und Verkosten. Auch Variationen sollten die Grundstruktur respektieren, um den Charakter des Cocktails zu bewahren. Ein perfekt ausbalancierter Cocktail vereint Klassik und Innovation, bleibt dabei aber immer harmonisch, aromatisch und genussvoll.

Zubereitungstechniken für Cocktails

↓

Die Zubereitungstechniken für Cocktails sind vielfältig und entscheidend für den Geschmack und die Präsentation eines Getränks. Jede Technik erfordert Präzision und ein gutes Verständnis der Zutaten sowie der Instrumente. Im Folgenden sind die wichtigsten Zubereitungstechniken für Cocktails sowie die Gründe für ihre Anwendung zusammengefasst. Außerdem wird erläutert, warum man bestimmte Techniken anwendet und wie Faktoren wie Eisqualität, Temperatur und Wasserqualität die Dauer und Intensität der Zubereitung beeinflussen können.

Shaken (Schütteln)

Stirring (Rühren)

Muddling (Zerstampfen)

Layering (Schichten)

Werfen oder Rolling

Verwässerung und die richtige Temperatur bei Cocktails

Verwässerung und Temperatur spielen eine entscheidende Rolle bei der Herstellung von Cocktails, da sie die Textur, den Geschmack und die Balance des Drinks beeinflussen. Beide Faktoren sind nicht nur eine Frage der Technik, sondern auch des Timings und der Zutatenwahl. Ein perfekter Cocktail entsteht durch das präzise Zusammenspiel von Alkohol, Eis und den weiteren Zutaten.

Verwässerung

Verwässerung ist der Prozess, bei dem Eis während der Zubereitung eines Cocktails schmilzt und das Getränk verdünnt. Viele Cocktails erfordern eine gewisse Menge an Verwässerung, um die Aromen auszubalancieren und den Drink geschmeidiger zu machen. Zu viel Verwässerung kann jedoch den Geschmack verwässern, während zu wenig dazu führen kann, dass der Cocktail zu stark und alkoholisch wirkt.

Warum ist Verwässerung wichtig?

- Aromenbalance: Alkohol und andere Zutaten, wie Säfte und Sirupe, können intensiv oder zu süß sein. Ein gewisser Grad an Verwässerung hilft, die Aromen weicher und angenehmer zu gestalten, sodass der Cocktail harmonischer schmeckt.

- **Textur:** Eine leicht verdünnte Mischung sorgt für eine angenehmere Textur im Mund. Zu viel Eis und zu wenig Schütteln oder Rühren kann jedoch den Cocktail mit zu viel Wasser versorgen und den gewünschten Geschmack verwässern.

Technik und Kontrolle der Verwässerung:

- **Shaken:** Beim Shaken schmilzt das Eis schnell, daher ist es wichtig, den Shaker nicht zu lange zu schütteln. Ein übermäßiges Schütteln kann zu einer starken Verwässerung führen. Ziel ist es, den Drink durch etwa 10–15 Sekunden kräftiges Schütteln zu kühlen, ohne die Eiswürfel zu sehr schmelzen zu lassen.
- **Stirring:** Beim Rühren läuft die Verwässerung langsamer ab, da die Technik sanfter ist. Achte darauf, gleichmäßig und nicht zu lange zu rühren, um den Cocktail gut zu kühlen und nur die richtige Wassermenge zu integrieren.
- **Eismenge:** Die Wahl des richtigen Eises spielt ebenfalls eine Rolle. Große Eiswürfel oder kugelförmige schmelzen langsamer und führen zu weniger Verwässerung. Kleine Eiswürfel schmelzen schneller und können mehr Verwässerung verursachen.

Die richtige Temperatur

Die Temperatur eines Cocktails beeinflusst sowohl den Geschmack als auch die Textur und das Mundgefühl. Ein zu warmer Cocktail kann die Aromen unangenehm hervorheben und den Alkohol stärker betonen, während ein zu kalter Cocktail eventuell die Aromen maskieren kann. Die richtige Temperatur sorgt dafür, dass die Aromen optimal zur Geltung kommen.

Optimale Serviertemperatur:

- **Shaken Cocktails:** Shaken Cocktails (z. B. Daiquiri, Margarita, Whiskey Sour) sollten gut gekühlt serviert werden, da die Technik des Shakens schnell eine niedrige Temperatur erzeugt. Ein erfrischend kalter Cocktail verstärkt die Frische der Zutaten und sorgt für ein angenehmes Erlebnis.
- **Stirred Cocktails:** Cocktails wie der Martini oder der Old Fashioned, die gerührt werden, werden ebenfalls sehr kalt serviert. Diese Getränke sollten jedoch nicht zu stark verdünnt sein, wofür eine sanfte und präzise Kontrolle der Verwässerung nötig ist.
- **Servieren ohne Eis:** Einige Cocktails wie der Manhattan oder der Negroni können „straight up" (also ohne Eis im Glas) serviert werden. Diese Cocktails müssen besonders gut vorgekühlt und schnell serviert werden, um die richtigen Aromen zu bewahren.

Temperaturen im Glas

- **Vorkühlen von Gläsern:** Dies ist ein wichtiger Schritt, der oft übersehen wird. Fülle das Glas mit Eis oder stelle es für eine kurze Zeit ins Gefrierfach. So wird verhindert, dass der Cocktail beim Servieren sofort durch ein warmes Glas an Temperatur verliert.

- **Eiswahl:** Die Art des Eises beeinflusst die Temperatur des Cocktails. Große Eiswürfel oder Eiskugeln haben eine größere Oberfläche und schmelzen langsamer. Dadurch bleibt der Cocktail über längere Zeit kalt, ohne schnell zu verwässern. Kleinere Würfel oder Crushed Ice führen zu einer schnelleren Temperaturabnahme und Verwässerung.

Die Balance von Verwässerung und Temperatur

Die Kunst der Cocktailzubereitung liegt darin, die richtige Balance zwischen Temperatur und Verwässerung zu finden. Zu viel Eis oder zu viel Schütteln kann die Temperatur zu weit senken und zu viel Wasser hinzufügen, was den Cocktail in seiner Wirkung beeinträchtigt. Umgekehrt kann eine unzureichende Kühlung den Cocktail unangenehm warm machen und die Aromen des Alkohols und anderer Zutaten zu intensiv hervorheben.

Eine gute Faustregel lautet:

- Cocktails, die durch Shaken oder Rühren gut durchkühlt werden, sollten innerhalb von 10–15 Minuten nach der Zubereitung konsumiert werden, um sie bei optimaler Temperatur und vollen Aromen zu genießen.
- Longdrinks oder Cocktails, die mit kohlensäurehaltigen Zutaten aufgefüllt werden, sollten etwas weniger intensiv gekühlt werden, um die Spritzigkeit und das Aroma zu bewahren.

Verwässerung und Temperatur sind eng miteinander verbunden, und eine präzise Steuerung beider Faktoren sorgt dafür, dass ein Cocktail nicht nur gut aussieht, sondern auch perfekt schmeckt.

Barequipment

↓

Die Wahl des richtigen Barequipments ist entscheidend für die Zubereitung eines perfekten Cocktails. Größe, Form und Material der Werkzeuge beeinflussen direkt die Konsistenz, Textur und Temperatur des Cocktails. Qualitativ hochwertige Werkzeuge sorgen für präzise Zubereitung und bessere Ergebnisse, während minderwertige Geräte oft den Geschmack und die Optik des Cocktails negativ beeinflussen können. In diesem Kapitel betrachten wir die wichtigsten Barwerkzeuge und deren Einfluss auf den Cocktail, einschließlich traditioneller und moderner Tools.

Shaker, Rührglas und Jigger

Für eine vollständige Barausstattung gibt es einige essenzielle Werkzeuge, die du benötigst, um Cocktails präzise zuzubereiten. Der moderne **Tin-Tin Shaker** (zweiteilig) ist besonders wichtig, da er aus Edelstahl besteht und eine schnelle, gleichmäßige Kühlung gewährleistet. Er eignet sich hervorragend für Cocktails, die kräftig geschüttelt werden müssen. Die robuste Bauweise verhindert ein Auslaufen. So bekommst du eine gleichmäßige Mischung ohne Überverdünnung. Als Alternative zum Tin-Tin Shaker eignet sich der **Boston Shaker** (Metallbecher und Shakerglas), der mehr Volumen bietet und die Kühlung sowie Verdünnung besser kontrolliert.

Unverzichtbar ist das **Rührglas** mit dickem Boden, das eine gleichmäßige Kühlung bei minimaler Verdünnung ermöglicht.

Für präzise Dosierungen brauchst du einen **Jigger** mit den gängigen Größen 30 ml und 50 ml. Diese Größen sind flexibel einsetzbar und garantieren die perfekte Mischung.

Muddler und Strainer

Ein Edelstahl-**Muddler** oder ein Muddler aus Hartplastik ist ideal, um Aromen aus Früchten und Kräutern freizusetzen, da er hygienisch und langlebig ist. Der **Hawthorne Strainer** filtert Eis und Rückstände nach dem Schütteln, während der **Fine Strainer** für das Entfernen kleinster Partikel sorgt, um den Cocktail klar zu halten.

Weitere Tools

Mit einem robusten **Barblade** lassen sich Flaschen schnell öffnen. Ein **Zester** oder **Schäler** extrahiert ätherische Öle von Zitrusfrucht-Schalen, das verleiht dem Cocktail zusätzliche Frische. Mit einer **Saftpresse** kannst du frische Säfte ohne Bitterstoffe oder Rückstände extrahieren.

Nicht zu vergessen ist der **Barlöffel** zum Rühren von Cocktails. Er hilft, Zutaten gezielt zu kühlen, zu verwässern und zu vermischen, besonders bei gerührten Drinks.

Shaker
Einfluss von Größe, Form und Material auf Textur und Temperatur

Rührglas
Sanfte Mischung für klare Cocktails

Jigger
Präzise Messung für den perfekten Cocktail

Strainer
Effizienz und Genauigkeit durch Material und Bauweise

Barlöffel
Design, Länge und Material beeinflussen Rühren und Aromen

Eis und Gläser

↓

Eis ist eines der zentralen Elemente bei der Zubereitung von Cocktails, da es nicht nur für die Kühlung sorgt, sondern auch maßgeblich den Geschmack und die Textur eines Drinks beeinflusst. Die Wahl des richtigen Eises, die Art der Verwendung und das Wissen über verschiedene Eisarten sind entscheidend, um den Cocktail auf den Punkt zu bringen. In diesem Kapitel gehen wir auf alles ein, was es über Eis zu wissen gibt und warum es in der Bar- und Cocktailwelt so wichtig ist.

Warum ist Eis so wichtig in Cocktails?

Eis ist mehr als nur ein einfaches Kühlmittel. Es spielt eine entscheidende Rolle in der Zubereitung von Cocktails, indem es mehrere Funktionen erfüllt:

Kühlung: Eis kühlt den Cocktail schnell ab und sorgt für eine angenehme Trinktemperatur.

Verdünnung: Beim Schmelzen gibt Eis Wasser ab, was den Cocktail verdünnt und so den Alkoholgehalt und die Aromen ausbalanciert.

Textur: Die Textur des Eises beeinflusst, wie sich der Cocktail im Mund anfühlt. Einige Cocktails profitieren von einer leichteren Verdünnung, während andere durch langsames Schmelzen einen intensiveren Geschmack behalten.

Präsentation: Die Art und Weise, wie Eis im Glas präsentiert wird, kann das visuelle Erlebnis eines Cocktails erheblich verbessern. Ein elegantes, perfekt passendes Eisstück kann den Drink optisch aufwerten.

Die richtige Eisqualität – Was ist zu beachten?

Eis ist nicht gleich Eis. Die Qualität des Eises hat direkten Einfluss auf den Cocktail. Hier sind einige wichtige Faktoren, die bei der Wahl des Eises berücksichtigt werden sollten:

Reinheit des Wassers: Die Wasserqualität ist entscheidend für den Geschmack des Eises. Verunreinigungen im Wasser, wie Mineralien oder Chlor, können den Geschmack des Cocktails negativ beeinflussen. Deshalb ist es ratsam, reines Wasser zu verwenden, um bestmögliche Ergebnisse zu erzielen.

Eisgröße und -form: Die Größe und Form des Eises bestimmen, wie schnell es schmilzt und wie stark es den Drink verdünnt. Großes Eis schmilzt langsamer und sorgt für eine geringere Verdünnung, während kleine Eiswürfel natürlich schneller schmelzen und mehr Verwässerung erzeugen.

Luftbläschen im Eis: Gutes Eis sollte möglichst klar sein und keine Luftblasen haben. Luftbläschen im Eis können die Schmelzrate erhöhen und die Textur des Cocktails beeinträchtigen. Für klare, hochwertige Cocktails wird daher oft auf Kristalleis geachtet, das ohne Luftbläschen aus einem Block herausgearbeitet wird.

Die Bedeutung der richtigen Temperatur

Die Temperatur von Eis und Cocktails ist ein zentraler Faktor für die Zubereitung und den Genuss. Sie beeinflusst sowohl die Aromen als auch die Textur des Getränks. Zu kaltes Eis kann den Geschmack eines Cocktails „maskieren“, während zu warmes Eis das Getränk schnell verwässern lässt. Es ist also wichtig, das richtige Temperaturverhältnis zu finden.

Optimale Temperatur für Cocktails: Die ideale Temperatur hängt von der Art des Cocktails ab. Ein gekühlter Cocktail sollte zwischen –4 °C und +4 °C liegen, um sowohl die Aromen zu bewahren als auch eine angenehme Frische zu bieten. Zu warme Cocktails, besonders solche, die fruchtige oder komplexe Aromen haben, können unangenehm wirken, da der Alkoholgeschmack überbetont wird.

Eis, Temperatur und Verdünnung: Eis hat eine wichtige Funktion bei der Kühlung eines Cocktails. Große Eiswürfel schmelzen langsamer und sorgen dafür, dass der Drink über längere Zeit gekühlt bleibt, ohne dass zu viel Wasser hinzugefügt wird. Kleinere Eiswürfel oder Crushed Ice schmelzen schneller, was zu einer stärkeren Verwässerung führt – eine

Tatsache, die je nach Cocktailstil genutzt oder vermieden werden kann. Wenn der Cocktail zu schnell verdünnt wird, weil das Eis zu schnell schmilzt, kann dies den Geschmack und das Trinkerlebnis negativ beeinflussen. Wenn das Eis andererseits zu groß oder zu fest ist und der Cocktail nicht schnell genug gekühlt wird, kann der Geschmack möglicherweise nicht optimal zur Geltung kommen.

Vorkühlung von Gläsern: Eine oft übersehene Methode, um die Temperatur eines Cocktails zu kontrollieren, ist die Vorkühlung des Glases. Indem man das Glas vor der Zubereitung mit Eis füllt und es einige Minuten im Kühlschrank oder Gefrierfach stehen lässt, wird verhindert, dass der Cocktail zu schnell erwärmt wird, wenn er ins Glas gegossen wird. Dies ist besonders bei Cocktails ohne Eis im Glas (wie Martinis oder Manhattans) wichtig.

Welche Eisarten gibt es und wie werden sie verwendet?

Es gibt verschiedene Eisarten, wie Crushed Ice, große Würfel und Kristalleis, die je nach Cocktail verwendet werden sollten. Jede Art hat ihre Vorzüge – Crushed Ice beispielsweise schmilzt schneller. Für klare Cocktails wird oft auf Kristalleis ohne Luftblasen geachtet.

Eisarten und ihre Verwendung

Gläser

Die Wahl des richtigen Glases ist entscheidend für das perfekte Cocktailerlebnis. Gläser beeinflussen nicht nur die Präsentation, sondern auch die Temperatur, die Aromen und die Textur eines Cocktails. Form, Größe und Material spielen eine wichtige Rolle, um das volle Potenzial eines Cocktails zu entfalten. Über den QR-Code stellen wir die wichtigsten Glasarten vor und erklären ihre Verwendung und Bedeutung für das perfekte Trinkerlebnis.

Glasarten und ihre richtige Verwendung

FAZIT

Die Wahl des richtigen Eises ist entscheidend für den Erfolg eines Cocktails. Vom schnellen Schmelzen des Crushed Ice bis hin zum langsamen Verdünnen mit großen Eiswürfeln – jede Eisart bringt ihre eigenen Vorzüge mit und sollte je nach Cocktail angepasst werden. Klarheit, Textur und Schmelzrate des Eises beeinflussen die Konsistenz und den Geschmack des Drinks und können so das gesamte Trinkerlebnis verfeinern.

Garnituren

↓

Garnituren sind ein wesentlicher Bestandteil eines Cocktails und weit mehr als bloße Dekoration. Sie tragen erheblich zur Wahrnehmung und zum Genusserlebnis bei, indem sie die Aromen, die Optik und den Geschmack eines Drinks ergänzen oder verstärken. In diesem Kapitel betrachten wir die Bedeutung von Garnituren, ihre Rolle in klassischen und modernen Rezepturen und zeigen, wie Garnituren auf innovative Weise eingesetzt werden können.

Die Bedeutung von Garnituren in Cocktails

Garnituren erfüllen unterschiedliche wichtige Funktionen, die über die optische Präsentation hinausgehen:

Aromatische Unterstützung: Sie ergänzen die Aromen des Cocktails oder heben bestimmte Nuancen hervor. Der erste Eindruck eines Cocktails entsteht häufig durch den Geruch – eine passende Garnitur kann die Nase gezielt auf den Geschmack vorbereiten.

Textur und Geschmack: Garnituren können zusätzliche Texturen oder Geschmacksnoten einbringen, die den Cocktail komplexer und interessanter machen.

Präsentation und Emotion: Die Optik eines Cocktails ist entscheidend für das Trinkerlebnis. Eine ansprechende Garnitur kann die Erwartungen des Gastes steigern und die Stimmung oder das Thema des Cocktails unterstreichen.

Erkennung von Klassikern: Viele klassische Rezepturen haben standardisierte Garnituren, die den Cocktail unverwechselbar und sofort erkennbar machen.

Moderne Herangehensweise an Garnituren

In modernen Bars geht die Gestaltung von Garnituren über Standardlösungen hinaus. Hier sind die Schlüsselaspekte, auf die es bei der Kreation zeitgemäßer Garnituren ankommt:

Flavour Match: Garnituren sollten geschmacklich mit dem Cocktail harmonieren. Die Aromen der Garnitur müssen den Drink ergänzen, ohne ihn zu dominieren. Dies erfordert ein tiefes Verständnis von Aromenprofilen und deren Wechselwirkungen.

Pairing: Garnituren können als Gegenstück oder Kontrast zum Cocktail fungieren, um spannende neue Geschmackserlebnisse zu schaffen. Dies könnte zum Beispiel ein Spiel zwischen Süße und Säure oder Bitterkeit und Fruchtigkeit sein.

Integration in das Gesamtkonzept: Eine moderne Garnitur ist nicht nur ein Add-on, sondern Teil des Gesamtkonzepts des Cocktails. Sie sollte die Geschichte oder Idee hinter dem Drink erzählen und visuell wie geschmacklich Teil des Erlebnisses sein.

Funktionalität: Garnituren sollten nicht nur ästhetisch, sondern auch praktisch sein. Übermäßig große oder unhandliche Elemente können den Trinkgenuss stören. Eine gute Garnitur ist stabil, leicht zu handhaben und trägt zum Genuss bei.

Klassische vs. moderne Garnituren

In vielen klassischen Rezepturen sind Garnituren standardisiert, was ihnen eine eindeutige Identität verleiht. Eine Zitronenzeste in einem Martini oder eine Orangenschale in einem Old Fashioned sind nicht nur Tradition, sondern ein Teil der Rezeptur, der das Aromenprofil abrundet.

In unserem Buch haben wir diese klassischen Garnituren jedoch ergänzt oder verbessert, indem wir moderne Techniken und kreative Ansätze genutzt haben. Wir haben:

Aromen vertieft: Mit zusätzlichen oder intensiveren Garnituren, die die ursprüngliche Idee des Cocktails verstärken.

Optik aufgewertet: Garnituren so gestaltet, dass sie ästhetisch und modern wirken, ohne ihre Funktion zu verlieren.

Sensorische Aspekte erweitert: Garnituren hinzugefügt, die überraschende Aromen oder Texturen einbringen und damit das Gesamterlebnis des Drinks steigern.

Worauf es bei modernen Garnituren ankommt

Eine moderne Garnitur sollte sich stets am Gesamtkonzept des Cocktails orientieren. Die wichtigsten Kriterien sind:

Harmonie und Balance: Jede Garnitur sollte auf den Drink abgestimmt sein und sowohl optisch als auch geschmacklich harmonieren.

Aromatische Komplexität: Garnituren können dazu verwendet werden, das Aromenprofil des Cocktails gezielt zu erweitern oder zu intensivieren.

Nachhaltigkeit: Moderne Bars achten zunehmend darauf, dass Garnituren umweltfreundlich und nachhaltig sind. Wiederverwendbare Elemente oder die Vermeidung von unnötigem Abfall sind wichtige Aspekte.

Innovation: Eine moderne Garnitur sollte nicht nur beeindrucken, sondern auch den Drink neu definieren oder ein besonderes Highlight setzen.

FAZIT

Garnituren sind ein integraler Bestandteil des Cocktails, der weit über die Optik hinausgeht. Sie beeinflussen die Aromen, die Präsentation und den Trinkgenuss maßgeblich. Während klassische Garnituren die Identität eines Drinks prägen, bietet die moderne Barwelt die Möglichkeit, diese weiterzuentwickeln und mit neuen Ansätzen zu bereichern.

Unsere Herangehensweise in diesem Buch zeigt, dass eine gut durchdachte Garnitur den Unterschied zwischen einem guten und einem außergewöhnlichen Cocktail ausmachen kann. Indem wir klassische Ideen aufgreifen und mit modernen Konzepten kombinieren, schaffen wir Drinks, die nicht nur optisch, sondern auch geschmacklich begeistern.

Gin

↓

Gin ist eine der vielseitigsten Spirituosen, die sich durch ihre Vielfalt an Botanicals – Kräuter, Gewürze, Früchte und Wurzeln – auszeichnet. Diese geben jedem Gin seine unverwechselbare Note. Wacholder steht dabei immer im Vordergrund, doch die Kombination weiterer Botanicals ermöglicht eine unglaubliche Bandbreite an Aromen. Wir beleuchten die Geschichte des Gins, verschiedene Gin-Arten, die Rolle der Botanicals und aktuelle Trends.

Geschichte des Gins

Gin hat seine Wurzeln im 16. Jahrhundert in den Niederlanden, wo sein Vorläufer, der Genever, entwickelt wurde. Wacholderbeeren galten als medizinisch wirksam, weshalb Genever als Heilmittel gegen Magenbeschwerden eingesetzt wurde. Britische Soldaten entdeckten Genever während des 80-jährigen Krieges und brachten ihn nach England, wo er zu Gin weiterentwickelt wurde.

Im 18. Jahrhundert erlebte England die „Gin Craze", eine Zeit, in der Gin aufgrund seiner billigen Herstellung extrem populär wurde, aber auch soziale Probleme verursachte. Dies führte zur Einführung des Gin Acts, der die Produktion und den Verkauf regulierte. Der London Dry Gin, der sich im 19. Jahrhundert etablierte, markierte den Beginn hochwertigerer, trockener Gins, die bis heute den Standard setzen. In den letzten Jahrzehnten hat Gin eine Renaissance erlebt, insbesondere durch die Craft-Spirituosen-Bewegung, die innovative Botanicals und regionale Einflüsse einbringt.

Gin-Arten: Unterschiede in Geschmack und Qualität

1. London Dry Gin

Er ist der klassischste Gin-Stil. Um diese Bezeichnung zu tragen, dürfen Aromen nur während der Destillation hinzugefügt werden, und es dürfen nach der Destillation keine zusätzlichen Süßstoffe oder Aromen beigefügt werden. London Dry Gin ist bekannt für seinen trockenen, intensiven Wacholdergeschmack. Marken wie Sipsmith, Hayman's und Beefeater repräsentieren diesen Stil.

Aromatisch: Dominanter Wacholder, klare Zitrusnoten, würzige und florale Nuancen.

BEISPIELMARKEN

Sipsmith: Ein klassischer London Dry Gin mit einer ausgewogenen Mischung aus Wacholder und Zitrusfrüchten.
Hayman's: Ein traditioneller London Dry Gin mit einem weichen, trockenen Geschmacksprofil und subtilen Zitrusnoten.
Beefeater: Ein ikonischer London Dry Gin mit einer intensiven Wacholderaromatik und erfrischenden Zitrusnoten.

2. Plymouth Gin

Dieser Gin darf nur in der englischen Stadt Plymouth hergestellt werden. Er ist etwas weicher und erdiger als London Dry Gin und zeichnet sich durch einen sanfteren Wacholdercharakter aus.

Aromatisch: Milde Wacholdernote, erdige Angelikawurzel, weiche Zitrusnoten.

BEISPIELMARKEN

Plymouth Gin: Der einzige offizielle Vertreter dieser Kategorie mit einem sanften Wacholderaroma und leichter Erdigkeit.

3. Old Tom Gin

Er ist süßer als London Dry Gin und war im 18. Jahrhundert sehr populär. Durch die Zugabe von Zucker erhält er einen weicheren, runderen Geschmack. Er ist ideal für Cocktails wie Tom Collins.

Aromatisch: Süßlicher Wacholder, milde Zitrusnoten, florale und würzige Nuancen.

BEISPIELMARKEN

Hayman's Old Tom Gin: Ein traditioneller Old Tom Gin mit einem ausgewogenen süßlichen Geschmack und einem weichen Abgang.
No Mistake Old Tom Gin: Er reift sechs Monate in Holzfässern und enthält „Aged Sugar", einen karamellisierten braunen Zucker, der in Cognac-Fässern gelagert wird. Er bietet ein komplexes Bouquet mit Wacholder, Zitrus, floralen Noten wie Jasmin und Geißblatt sowie würzigen Aromen von Muskatnuss und Zimt. Der Gaumen ist vollmundig, mit bittersüßen Zitrus- und Mandelnoten, und endet in einem langen, blumig-würzigen Finish.

4. New Western Gin

Dieser moderne Gin-Stil rückt den Wacholder in den Hintergrund und betont stattdessen andere Botanicals wie Zitrusfrüchte, Blumen oder exotische Gewürze. Marken wie Monkey 47, Roku und Brockmans stehen für die Kreativität und Vielfalt dieser neuen Generation von Gins.

Aromatisch: Weniger Wacholder, mehr Fokus auf exotische Botanicals.

BEISPIELMARKEN

Monkey 47: Ein deutscher Gin mit 47 verschiedenen Botanicals, darunter Preiselbeeren und Lavendel.
Roku: Ein japanischer Gin, der sechs japanische Botanicals wie Kirschblüten und Yuzu verwendet.
Brockmans: Ein fruchtiger Gin, der durch Aromen von Brombeeren und Blaubeeren besticht, ergänzt durch weiche Wacholdernoten.
Aviation Gin: Ein amerikanischer Gin mit einer geringeren Wacholderdominanz und floralen Noten wie Lavendel.

5. Craft-Gin

Craft-Gins werden in kleinen Chargen hergestellt und setzen oft auf regionale und innovative Botanicals. Marken wie Botanist, Malfy und Humboldt Rye Dry Gin setzen auf einzigartige Aromen und handwerkliche Herstellungsmethoden.

BEISPIELMARKEN

Botanist: Ein schottischer Gin mit 22 handgepflückten Botanicals von der Isle of Islay.
Malfy: Bekannt für seine Zitrusvarianten, insbesondere Malfy Con Limone, mit sizilianischen Zitronenschalen.
Humboldt Rye Dry Gin: Ein deutscher Gin, der auf Roggen basiert und mit regionalen Botanicals wie Sanddorn und Hopfen hergestellt wird.
Elephant Gin: Verwendet afrikanische Botanicals wie Baobab und Buchu und unterstützt Elefantenschutzprojekte.

6. Gin mit geografischer Angabe

Einige Gins basieren auf traditionellen Herstellungsweisen und verwenden regionale Botanicals, die ihre Herkunft reflektieren. Marken wie Citadelle aus Frankreich und Nordes aus Spanien betonen ihre geografische Authentizität.

BEISPIELMARKEN

Citadelle: Ein französischer Gin mit 19 Botanicals, darunter Koriander, Zimt und Fenchel, der eine subtile Balance aus würzigen und blumigen Aromen bietet.
Nordes: Ein spanischer Gin, der auf Albariño-Trauben basiert und eine maritime Frische mit Botanicals wie Eukalyptus und Zitronenschale kombiniert.

Botanicals: Die Seele des Gins

Botanicals sind das Herzstück jedes Gins und verleihen ihm sein unverwechselbares Aroma. Neben Wacholder, der in jedem Gin enthalten sein muss, gibt es eine Vielzahl von weiteren Botanicals, die den Geschmack beeinflussen:

Koriandersamen: Verleihen würzige und zitrusartige Noten.

Angelikawurzel: Ihre erdigen und pfeffrigen Noten stabilisieren die Aromen.

Zitrusfrüchte: Zitronen- und Orangenschalen bringen Frische.

Blüten und Kräuter: Lavendel, Rosmarin und Kamille sorgen für florale Nuancen.

Exotische Gewürze: Kardamom, Zimt und Sternanis verleihen Tiefe und Komplexität.

Ein Paradebeispiel für die Vielfalt der Botanicals ist Monkey 47, für den 47 verschiedene Pflanzenstoffe verwendet werden, darunter Schwarzwaldkräuter und Preiselbeeren. Roku Gin aus Japan setzt auf japanische Botanicals wie Kirschblüten und Yuzu, während exotische Zutaten wie Mandarine und Veilchenwurzel Gin Gold 999.9 einen luxuriösen Touch verleihen.

Aktuelle Trends

1. Craft-Gin und lokale Botanicals

Kleinere Destillerien setzen auf regionale Zutaten, um Gins zu kreieren, die das Terroir ihrer Herkunftsregion widerspiegeln. Cruxland verwendet Kalahari-Trüffel, während Botanist schottische Wildkräuter in den Vordergrund stellt.

2. Alkoholfreier Gin

Alkoholfreier Gin ist ein wachsender Trend, obwohl er streng genommen nicht als „Gin" bezeichnet werden darf, da ihm der Alkohol fehlt. Dennoch bieten diese Gins ein ähnliches Geschmacksprofil wie klassische Gins, ohne die Alkoholnote. Marken wie Sears und The Duke sind Beispiele für alkoholfreie Gins, die durch intensive Botanicals einen authentischen Gin-Geschmack erzeugen.

3. Flavored Gin

Gins mit fruchtigen oder floralen Aromen sind besonders beliebt. Malfy Rosa kombiniert Aromen von Grapefruit und Rhabarber, während Pink Mermaid mit Erdbeere und Zitrusfrüchten einen fruchtigen Akzent setzt.

BEISPIELMARKEN

Malfy Rosa: Ein fruchtiger Gin mit Aromen von Grapefruit und Rhabarber.
Pink Mermaid: Ein pinkfarbener Gin, der durch seine Kombination aus Wacholder, Erdbeeren und Zitrus hervorsticht.

FAZIT

Gin bietet eine beeindruckende Vielfalt an Aromen und Herstellungsmethoden, die ihn zu einer unverzichtbaren Zutat in der Mixologie machen. Vom klassischen London Dry Gin über moderne New Western Gins bis hin zu kreativen Craft-Gins gibt es unzählige Varianten, die durch ihre Auswahl an Botanicals einzigartige Geschmacksprofile liefern. Marken wie Monkey 47, Roku, Botanist und Malfy stehen für die innovative Entwicklung in der Welt des Gins.

DER GIN & TONIC-KOMPASS

Gin & Tonic ist nicht nur ein Klassiker, sondern auch ein endlos wandelbarer Cocktail, der durch die Vielfalt an Gins, Tonics und Garnituren nahezu unendlich viele Kombinationen bietet. Mit dem Gin & Tonic-Kompass möchten wir dir eine Orientierung bieten, um die ideale Verbindung aus Geschmack, Balance und Präsentation zu finden.

Die Rolle des Gin & Tonic-Kompasses

Der Gin & Tonic-Kompass führt dich sicher durch die Welt der Aromen, indem er dir hilft, die perfekte Abstimmung von Gin, Tonic und Garnitur zu entdecken:

Identifikation der Botanicals: Der Kompass zeigt, welche Aromen im Gin dominieren und wie diese durch das Tonic ergänzt werden können.

Wahl des passenden Tonics: Abhängig von der Intensität und den Geschmacksprofilen des Gins leitet der Kompass dich zu Tonics, die harmonieren oder spannende Kontraste setzen.

Veredelung durch Garnituren: Der Kompass lenkt die Aufmerksamkeit auf Garnituren, die die Aromen verstärken, kontrastieren oder optisch aufwerten.

Die Bedeutung von Garnituren im Gin & Tonic-Kompass

Die Garnitur ist das i-Tüpfelchen eines Gin & Tonic. Sie unterstreicht die Hauptaromen des Drinks, bringt neue Nuancen ein und macht das Getränk optisch ansprechend.

Verstärkung von Hauptaromen: Kräuter wie Rosmarin oder Salbei intensivieren den Geschmack von Gin mit erdigen oder floralen Noten.

Kontraste schaffen: Fruchtige Garnituren wie Erdbeeren oder Grapefruit können zitruslastige oder würzige Gins auffrischen.

Optische Eleganz: Garnituren wie Zesten, exotische Früchte oder Kräuterzweige verleihen dem Drink eine ansprechende Ästhetik.

Der Gin & Tonic-Kompass: Kombinationen mit Goldberg Tonics

1. Goldberg Classic Tonic

Angenehm bitter mit subtilen Zitrusnoten und einer leichten Süße.

EMPFOHLENE KOMBINATIONEN

Sipsmith London Dry Gin: Orangenzeste, um die Wacholderaromen elegant zu ergänzen.

Hayman's London Dry Gin: Zitrone, die die klassischen Zitrusnoten verstärkt.

Mr. Churra Alchemy Gin: Orange und frischer Koriander, die die floralen und würzigen Noten verfeinern.

2. Goldberg Bone Dry Tonic

Trocken und herb mit dezenter Süße.

EMPFOHLENE KOMBINATIONEN:

The Botanist Gin: Minzblätter, die die Kräuteraromen beleben.
Brockmans Gin: Brombeeren, die einen fruchtigen Akzent setzen und die Beerennoten unterstreichen.

3. Goldberg Mediterranean Tonic

Kräutrig und zitrusfrisch, inspiriert von mediterranen Aromen.

EMPFOHLENE KOMBINATIONEN:

Nordés Atlantic Galician Gin: Zitrone und Rosmarin, die die floralen Noten betonen.
Citadelle Gin: Orangenzeste und Lorbeerblatt für eine würzige, frische Kombination.
Gin Gold 999.9: Mandarinenzeste und Thymian, die die Eleganz des Gins unterstreichen.
Malfy Gin con Arancia: Blutorange, die die intensiven Zitrusnoten lebendig macht.

4. Goldberg Yuzu Tonic

Exotisch-fruchtig mit erfrischender Säure.

EMPFOHLENE KOMBINATIONEN

Roku Gin: Rose und Süßholz, die die japanischen Botanicals ergänzen.
Kinobi Kyoto Dry Gin: Limette und Amarenakirsche für eine harmonische und fruchtige Kombination.
Humboldt Gin: Zimtrinde, die eine warme Würze hinzufügt.
Mermaid Pink Gin: Erdbeerscheiben und Rosmarin, die die fruchtige Leichtigkeit des Gins hervorheben.

5. Goldberg Hibiscus Tonic

Blumig-fruchtig mit feiner Süße.

EMPFOHLENE KOMBINATIONEN

Monkey 47 Gin: Salbei, der die komplexen Botanicals intensiviert.
Beefeater 24 Gin: Pink Grapefruit, die die Zitrusfrische verstärkt.
Fabbri Gin: Amarenakirschen, die florale und fruchtige Noten unterstreichen.
Bulldog Gin: Drachenfrucht, die eine exotische und optisch beeindruckende Note hinzufügt.

FAZIT

Der Gin & Tonic-Kompass hilft dir, den idealen Gin, das passende Tonic und die perfekte Garnitur zu kombinieren. Er zeigt Wege auf, wie sich Aromen harmonisch ergänzen oder spannende Kontraste schaffen lassen.

Vodka

↓

Vodka gehört zu den beliebtesten und vielseitigsten Spirituosen der Welt. Typisch für Vodka ist seine Reinheit, seine Neutralität und seine Fähigkeit, sich in einer Vielzahl von Cocktails harmonisch einzufügen. Je nach Herstellungsprozess und den verwendeten Rohstoffen können Vodkas jedoch unterschiedliche Aromen und Qualitäten aufweisen. In diesem Kapitel betrachten wir die Geschichte des Vodkas, die Unterschiede in der Herstellung, Aromen und Trends sowie einige der bekanntesten Vodka-Marken.

Geschichte des Vodkas

Der Ursprung des Vodkas ist umstritten, sowohl Russland als auch Polen beanspruchen die Erfindung dieser Spirituose. Vodka (vom slawischen Wort „voda“ für Wasser) wurde zunächst aus medizinischen Gründen destilliert. Seit dem 8. oder 9. Jahrhundert ist Vodka in beiden Ländern verbreitet. Traditionell wurde er aus Getreide oder Kartoffeln destilliert.

Im 19. Jahrhundert begann Vodka seinen Siegeszug durch Europa und die Welt. In den USA wurde er nach dem Zweiten Weltkrieg populär, als Marken wie Absolut und Stoli den internationalen Markt eroberten.

Herstellung und Qualitätsunterschiede

Vodka wird durch die Destillation fermentierter stärkehaltiger Rohstoffe wie Getreide (Weizen, Roggen) oder Kartoffeln hergestellt. Der Destillationsprozess ist von entscheidender Bedeutung für die Reinheit des Vodkas. Mehrfache Destillationen und Filtrationen, oft durch Aktivkohle, führen zu einem klaren, neutralen Endprodukt. Auch wenn Vodka traditionell als neutral gilt, bieten hochwertige Marken dank der verwendeten Rohstoffe und der Herstellung subtile Aromen.

Vodka-Arten und ihre Unterschiede

1. Reiner Weizen-Vodka

Vodkas, die aus reinem Weizen hergestellt werden, zeichnen sich durch eine besonders glatte und neutrale Textur aus, die sowohl pur als auch in Cocktails hervorragend zur Geltung kommt.

BEISPIELMARKEN

9 Mile Vodka: Ein deutscher Vodka, der aus reinem Weizen hergestellt wird. Charakteristisch für ihn sind seine milde Reinheit und die Filtration durch Granitgestein.
Skyy: Dieser amerikanische Vodka wird aus Getreide hergestellt und ist bekannt für seine Reinheit, die durch Filtration erreicht wird. Er ist besonders in Cocktails wie Martini und Bloody Mary beliebt.
Absolut: Ein schwedischer Vodka, der aus Winterweizen hergestellt wird. Er zeichnet sich durch ein ausgewogenes Geschmacksprofil mit einer leichten Getreidenote aus, was ihn besonders weich macht.

2. Kartoffel-Vodka

Kartoffel-Vodka ist besonders in Polen und Russland beliebt und bekannt für seine cremigere Textur und den volleren Körper. Kartoffeln verleihen dem Vodka eine samtige Konsistenz und oft eine leichte Süße.

BEISPIELMARKEN

Chopin: Ein polnischer Premium-Vodka, der aus 100 % Kartoffeln hergestellt wird. Er bietet eine cremige Textur mit subtilen süßen Noten.
Viking Fjord: Ein norwegischer Premium-Vodka, der aus 100 % Kartoffeln und reinem Gletscherwasser hergestellt wird. Er überzeugt durch seine außergewöhnliche Reinheit und einen milden, weichen Geschmack.

3. Roggen-Vodka

Roggen-Vodka zeichnet sich durch eine komplexere und würzigere Aromatik im Vergleich zu Weizen- oder Kartoffel-Vodka aus. Er verfügt über eine leicht pfeffrige Note und eine intensivere Tiefe.

BEISPIELMARKEN

Stoli: Stolichnaya, auch als Stoli bekannt, ist ein russischer Vodka aus Roggen und Weizen. Er bietet eine ausgewogene Mischung aus Würze und Weichheit und eignet sich gut für puren Genuss und Cocktails.
Belvedere: Ein polnischer Roggen-Vodka, der für seine elegante Textur und reichhaltigen Geschmack bekannt ist.

4. Gersten-Vodka

Gersten-Wodka zeichnet sich durch eine milde und ausgewogene Aromatik aus, die weniger würzig ist als Roggen-Wodka, aber dennoch eine angenehme Tiefe bietet. Durch die Verwendung von Gerste als Rohstoff erhält der Wodka oft malzige und leicht nussige Noten, die ihm eine besondere Eleganz verleihen.

BEISPIELMARKE

Koskenkorva: Ein finnischer Vodka, der aus lokaler Gerste hergestellt wird und für seine klare, reine Textur bekannt ist.

Aromenvielfalt und Qualität

Obwohl Vodka oft als neutral gilt, beeinflussen die Rohstoffe und der Herstellungsprozess das Endprodukt erheblich. Hochwertige Vodkas können subtile Geschmacksnuancen aufweisen, die auf die verwendeten Rohstoffe und Destillationsmethoden zurückzuführen sind.

Destillationsmethode

Die Anzahl der Destillationsdurchgänge hat direkten Einfluss auf die Reinheit des Vodkas. Marken wie Skyy und Absolut destillieren ihren Vodka mehrmals, um Unreinheiten zu entfernen und eine klare, glatte Textur zu erzeugen.

Filtration

Filtrationsmethoden wie die Verwendung von Aktivkohle oder spezieller Materialien wie Vulkangestein tragen zur Reinheit des Vodkas bei. 9 Mile Vodka wird beispielsweise durch Granitgestein gefiltert, während Koskenkorva auf eine Aktivkohlefiltration setzt.

Rohstoffwahl

Die Wahl der Rohstoffe spielt eine zentrale Rolle für das Mundgefühl und die Aromatik eines Vodkas. Getreide-Vodkas wie Absolut und Skyy sind tendenziell leichter und frischer, während Kartoffel-Vodkas wie Chopin eine cremigere Textur bieten. Roggen-Vodkas wie Stoli sind würziger und komplexer im Geschmack.

Aktuelle Trends

Craft-Vodka und regionale Produkte

Wie bei Gin gibt es auch im Vodka-Segment einen Trend zu Craft-Produkten und regionalen Rohstoffen. Marken wie Koskenkorva setzen auf lokale Gerste und umweltfreundliche Herstellungsprozesse, um einen nachhaltigen Vodka zu produzieren.

Flavored Vodka

Vodkas mit zusätzlichen Aromen wie Zitrusfrüchten, Beeren oder Gewürzen sind weiterhin im Trend. Marken wie Absolut haben eine breite Palette aromatisierter Vodkas entwickelt, die sich perfekt für fruchtige Cocktails eignen.

Premium- und Ultrapremium-Vodka

Der Markt für Premium-Vodkas wächst stetig. Marken wie Chopin und Belvedere setzen auf hochwertige Zutaten und aufwendige Herstellungsverfahren, um besonders reine und exklusive Produkte zu schaffen.

FAZIT

Vodka ist eine vielseitige Spirituose, die durch unterschiedliche Rohstoffe und Herstellungsverfahren eine breite Palette an Aromen und Texturen bieten kann. Ob neutral und rein oder cremig und würzig – Vodka bietet für jede Vorliebe und jeden Cocktail die passende Basis. Marken wie Haku, Skyy, Absolut, Chopin, Stoli, Koskenkorva und 9 Mile verdeutlichen die Vielfalt und Qualität, die Vodka aus unterschiedlichen Herkunftsländern bieten kann.

Rum

↓

Rum ist eine der facettenreichsten Spirituosen und bietet aufgrund von unterschiedlichen Herstellungsverfahren, Rohstoffen und geografischen Ursprüngen ein breites Spektrum an Aromen. Eine wesentliche Einteilung erfolgt in „leicht" und „schwer" sowie „gereift" und „ungereift". Doch auch die Herkunft und die Sorte des Zuckerrohrs spielen eine entscheidende Rolle für die Charakteristik des Endprodukts. Zusätzlich legen aktuelle gesetzliche Regelungen, wie die EU-Spirituosenverordnung, spezifische Rahmenbedingungen fest.

Leichter vs. schwerer Rum

Leichter Rum

Leichter Rum wird oft in Column Stills destilliert und zeichnet sich durch seine milde Aromatik und Leichtigkeit aus. Diese Rumsorten stammen häufig aus Regionen wie Kuba und der Dominikanischen Republik und eignen sich besonders gut für Cocktails.

BEISPIELMARKEN

Havana Club 3 Años: Ein leicht gereifter kubanischer Rum, ideal für Cocktails wie Mojito.
Plantation 3 Stars: Ein leichter Blend aus karibischen Rumsorten mit Noten von Vanille und Zitrus.

Schwerer Rum

Schwerer Rum wird oft im Pot-Still-Verfahren destilliert, dass kräftige, komplexe Aromen bewahrt. Diese Rumsorten sind in Regionen wie Jamaika und Barbados verbreitet.

BEISPIELMARKEN

Smith & Cross: Ein kräftiger Pot-Still-Rum aus Jamaika, der intensive Gewürz- und Esteraromen bietet.
Haynes Rum: Ein schwerer, vollmundiger Rum aus Barbados, der sich durch seine Tiefe und komplexen Aromen auszeichnet.
Plantation Xaymaca: Ein schwerer jamaikanischer Rum mit Noten von tropischen Früchten und Gewürzen.

Gereifter vs. ungereifter Rum

Ungereifter Rum (White/Silver Rum)

Ungereifter Rum wird entweder nicht oder nur kurz in Eichenfässern gelagert, was ihm eine klare Farbe und eine frische Textur verleiht. Diese Rumsorten sind ideal für Cocktails, bei denen der Rum nicht dominieren soll.

BEISPIELMARKEN

Plantation 3 Stars: Ein Blend aus karibischen Rumsorten, der kurz gereift und dann gefiltert wurde, um eine klare Farbe zu erhalten.
Havana Club 3 Años: Ein kubanischer Rum, der gefiltert wurde, um seine klare Textur zu bewahren und ideal für Cocktails geeignet ist.

Gereifter Rum (Aged Rum)

Gereifter Rum verbringt mehrere Jahre in Eichenfässern, was ihm tiefere Aromen und eine dunklere Farbe verleiht. Der Reifungsprozess bringt Noten von Vanille, Karamell und Gewürzen hervor.

BEISPIELMARKEN

Brugal 1888: Ein in der Dominikanischen Republik hergestellter Rum, der in amerikanischen Eichen- und spanischen Sherry-Fässern reift.
Mount Gay: Der älteste aktive Rumproduzent der Welt aus Barbados, mit gereiften Rums, die durch ihre Komplexität und Balance überzeugen.

Zuckerrohrsorten und ihr Einfluss auf den Rum

Zuckerrohr (*Saccharum officinarum*) spielt eine entscheidende Rolle für den Geschmack und die Qualität des Rums. Die Sorte des Zuckerrohrs und der Anbauort beeinflussen maßgeblich die Aromen des Endprodukts.

Rum aus Melasse

Die meisten Rums werden aus Melasse, einem Nebenprodukt der Zuckerproduktion, hergestellt. Melasse-basierte Rums haben intensive Aromen von Karamell, Vanille und Gewürzen.

BEISPIELMARKEN

Appleton Estate Signature Blend: Ein jamaikanischer Rum aus Melasse, bekannt für seine süßen, würzigen Aromen.
Brugal 1888: Ein Rum aus Melasse, der durch die doppelte Reifung komplexe Aromen entwickelt.

Rhum Agricole und Cachaça aus Zuckerrohrsaft

Rhum Agricole und Cachaça werden aus frischem Zuckerrohrsaft hergestellt und haben eine frischere, grasigere Note. Diese Art von Rum ist in den französischen Überseegebieten und in Brasilien verbreitet.

BEISPIELMARKEN

Clément Rhum Agricole: Ein Rum aus Martinique mit intensiven Aromen von Zuckerrohr, Gras und Blumen.
Trois Rivières: Ein Rhum Agricole aus Martinique, der für seine frischen Zitrus- und Zuckerrohraromen bekannt ist.

Zuckerrohrsorten und ihre Herkunft

Die Herkunft und die Sorte des Zuckerrohrs spielen eine zentrale Rolle für den Geschmack des Rums. Ursprünglich stammt Zuckerrohr aus Papua-Neuguinea, von wo es sich in tropische und subtropische Regionen ausbreitete. Fünf wichtige Zuckerrohrsorten, die den Geschmack des Rums maßgeblich beeinflussen, sind:

1. Purple Cane

Diese Sorte hat einen hohen Zuckergehalt und wird unter anderem auf den Philippinen angebaut. Sie liefert süße, vollmundige Rumsorten mit kräftigen Aromen.

2. Yellow Cane

Diese Sorte wird häufig für leichtere Rums verwendet und bringt frische, fruchtige Aromen hervor.

3. Crimson Cane

Bekannt für ihren intensiven Geschmack, liefert Crimson Cane Rums mit tiefen Karamell- und Gewürzaromen.

4. Green Cane

Diese Sorte hat grasige, pflanzliche Noten und wird häufig für Rhum Agricole verwendet.

5. Blue Cane

Eine widerstandsfähige Zuckerrohrsorte, die besonders in der Karibik und in Südamerika angebaut wird und Rums mit frischen, pflanzlichen Aromen liefert.

Rum aus Asien

Asien, insbesondere die Philippinen, hat sich ebenfalls als bedeutender Rumproduzent etabliert. Don Papa ist ein herausragendes Beispiel für asiatischen Rum, der aus lokal angebautem Zuckerrohr auf der Insel Negros hergestellt wird.

Don Papa zeichnet sich durch seine süßen, fruchtigen Aromen von Vanille, Honig und kandierten Früchten aus. Der vulkanische Boden der Region und das tropische Klima begünstigen den Anbau von Zuckerrohr und verleihen dem Rum seine einzigartige Charakteristik.

Flavored Rum und die EU-Spirituosenverordnung

Flavored Rums, die mit Aromen wie Früchten oder Gewürzen angereichert werden, erfreuen sich großer Beliebtheit. Laut der EU-Spirituosenverordnung (EU) 2019/787 dürfen Flavored Rums jedoch nicht mehr als „Rum" bezeichnet werden, da sie Zusatzstoffe enthalten. Stattdessen müssen sie als „Spirituose auf Rumbasis" deklariert werden.

BEISPIELMARKEN

Bumbu: Ein aromatisierter Rum mit intensiven Aromen von Banane, Vanille und Karamell.
Kraken: Ein Spiced Rum, der für seine kräftigen Noten von Karamell, Zimt und Muskat bekannt ist.

EU-Spirituosenverordnung: Rahmenbedingungen und Zuckergehalt

Die EU-Spirituosenverordnung legt fest, dass der maximale Zuckergehalt für Rum bei 20 g/Liter liegt. Dies stellt sicher, dass der natürliche Charakter des Rums erhalten bleibt und der Zuckeranteil nicht künstlich erhöht wird.

FAZIT

Rum bietet eine erstaunliche Vielfalt an Aromen und Texturen, die durch unterschiedliche Herstellungsverfahren, Zuckerrohrsorten und Reifemethoden entstehen. Marken wie Brugal 1888, Matusalem, Plantation, Clément, Appleton, Smith & Cross, Haynes Rum, Don Papa und Mount Gay zeigen die Bandbreite der Rumwelt auf, von leichten und frischen bis hin zu schweren und komplexen Varianten. Flavored Rums wie Bumbu und Kraken bieten zusätzliche kreative Möglichkeiten, die durch die EU-Verordnung genau geregelt sind.

Tequila, Mezcal, Sotol und Bacanora

Mexiko ist die Heimat einer Vielzahl einzigartiger Spirituosen, die weltweit geschätzt werden. Zu den bedeutendsten gehören Tequila, Mezcal, Sotol und Bacanora. Diese Spirituosen sind nicht nur geschmacklich faszinierend, sondern auch tief in der Geschichte und Kultur Mexikos verwurzelt.

Geschichte und Entwicklung von Tequila und Mezcal

Die Ursprünge von Tequila und Mezcal gehen auf die indigenen Völker Mexikos zurück, die seit Jahrhunderten die Agave für die Herstellung von Pulque nutzten – ein fermentiertes Getränk, das bereits vor der spanischen Eroberung existierte. Nach der Ankunft der Spanier im 16. Jahrhundert brachte die Kolonialmacht die Technik der Destillation nach Mexiko, was zur Entstehung von Mezcal und später Tequila führte. Mezcal war die ursprüngliche Spirituose, während sich Tequila aus dieser Tradition entwickelte und hauptsächlich in der Region Jalisco hergestellt wird.

Der bedeutendste Unterschied zwischen den beiden besteht in den verwendeten Agavenarten und der Produktion. Während Mezcal aus verschiedenen Agavenarten hergestellt wird, darunter Espadín, Tobalá und Tepeztate, wird Tequila nur aus der Blauen Weber-Agave produziert. Tequila stammt überwiegend aus Jalisco, während Mezcal in verschiedenen Regionen, vor allem in Oaxaca, hergestellt wird. Ein weiterer Unterschied besteht darin, dass für Mezcal die Agavenherzen in Erdöfen geröstet werden, was dem Getränk seinen charakteristisch rauchigen Geschmack verleiht.

Geschichte und Entwicklung von Sotol und Bacanora

Sotol wird aus der *Dasylirion*-Pflanze (auch Wüstenlilie genannt) hergestellt, die in den trockenen Regionen Nordmexikos wächst. Er ist in den Bundesstaaten Chihuahua, Durango und Coahuila heimisch. Sotol hat eine jahrtausendealte Geschichte, die bis zu den indigenen Völkern der Region zurückreicht. Bacanora ist eine weitere mexikanische Spirituose, die ausschließlich im Bundesstaat Sonora aus der Agave Pacifica gewonnen wird. Bacanora war aufgrund gesetzlicher Verbote fast 77 Jahre lang illegal, bevor es 1992 legalisiert wurde.

Alters- und Qualitätsstufen von Tequila und ihre Unterschiede

Tequila wird in verschiedene Kategorien unterteilt, die sich vor allem durch die Dauer der Reifung und die Art der Lagerung unterscheiden. Jede Art von Tequila bietet unterschiedliche Geschmackserlebnisse.

Tequila Blanco (Silver / White): Dieser Tequila wird direkt nach der Destillation abgefüllt oder nur für kurze Zeit in Edelstahltanks gelagert. Er behält den reinen, unverfälschten Geschmack der Agave bei, mit oft scharfen und frischen Noten.

BEISPIELMARKEN

Espolón Blanco: Ein intensiver Blanco-Tequila mit Noten von frischer Agave, Zitrusfrüchten und Pfeffer.
Rooster Rojo Blanco: Sanft und ausgewogen, mit süßen Agaven- und Gewürznoten.
Cuervo Tradicional Silver: Ein Klassiker mit einer leichten Süße und frischen Agavennoten.

Tequila Reposado: Dieser Tequila reift mindestens zwei Monate bis zu einem Jahr in Eichenfässern. Durch diese kurze Lagerung erhält er eine weichere Textur und eine harmonische Mischung aus Geschmacksnoten von Agave und Eiche.

BEISPIELMARKEN

1800 Reposado: Sechs Monate in amerikanischer Eiche gelagert, zeigt Noten von Vanille, Karamell und Eiche.
Corralejo Reposado: Dieser Tequila bietet eine ausgewogene Mischung aus süßen Agavennoten und Eichennuancen.
Tequila Añejo: Für mindestens ein Jahr in kleinen Eichenfässern gereift, entwickelt dieser Tequila tiefere, komplexere Aromen, oft mit Noten von Schokolade, Eiche und Trockenfrüchten.

BEISPIELMARKEN

Espolón Añejo: Komplex mit tiefen Aromen von Karamell, Vanille und Eiche.
Kah Añejo: Mit intensiven Aromen von dunkler Schokolade, Gewürzen und Eiche.

Tequila Extra Añejo: Diese Kategorie, die erst 2006 eingeführt wurde, umfasst Tequilas, die mindestens drei Jahre reifen. Extra Añejo ist besonders reichhaltig und komplex und wird oft pur genossen.

BEISPIELMARKE

Jose Cuervo Reserva de la Familia Extra Añejo: Luxuriös, mit intensiven Aromen von Nüssen, Karamell und getrockneten Früchten.

Cristalino Tequila: Eine neue Kategorie, bei der gereifter Tequila durch Kohlefilterung entfärbt wird, um die Klarheit eines Blanco-Tequilas mit der Komplexität eines gereiften Tequilas zu vereinen.

BEISPIELMARKE

1800 Cristalino von Jose Cuervo: bietet ein komplexes Geschmacksprofil mit süßen Noten von Vanille, Karamell und Honig, ergänzt durch holzige Nuancen und einen Hauch von buttriger Agave. Würzige Akzente wie schwarzer Pfeffer und Mandeln sowie subtile Fruchtnoten wie Rosinen und Weintrauben runden den Geschmack ab.

Mezcal: Die rauchige Schwester des Tequilas

Mezcal hat eine noch tiefere historische Verbindung zu Mexiko und wird in vielen Regionen des Landes hergestellt, besonders in Oaxaca. Mezcal zeichnet sich durch seinen charakteristisch rauchigen Geschmack aus, der aus dem Rösten der Agavenherzen in unterirdischen Gruben mit heißen Steinen stammt.

Geschmack: Rauchig, erdig, mit einem breiten Spektrum an Aromen, abhängig von der verwendeten Agavensorte.

BEISPIELMARKEN

Montelobos: Ein balancierter Mezcal mit floralen und rauchigen Noten.
Bruxo No. 1: Ein sanfter, erdiger Mezcal mit einer Mischung aus Süße und Rauch.
San Cosme: Ein intensiver Mezcal mit einer klaren Rauchigkeit und Agavennoten.
400 Conejos: Ein Mezcal mit ausgewogenen Aromen von Frucht, Rauch und Würze.

Sotol: Eine Spirituose aus der Wüste

Sotol wird aus der *Dasylirion*-Pflanze (Wüstenlilie) gewonnen und ist in den nördlichen Bundesstaaten Mexikos heimisch. Er zeichnet sich durch grasige, erdige und mineralische Aromen aus.

Geschmack: Grasig, mineralisch und erdig, oft mit einem Hauch von Rauch.

BEISPIELMARKE

Hacienda de Chihuahua: Bekannt für seine mineralischen und grasigen Aromen, die den Wüstencharakter der Pflanze widerspiegeln.

Bacanora: Der rebellische Geist von Sonora

Bacanora wird aus der *Agave pacifica* hergestellt und war fast 77 Jahre lang illegal, bevor es 1992 legalisiert wurde. Heute ist Bacanora wieder legal und hat den Status einer geschützten Herkunftsbezeichnung.

Geschmack: Rauchig, leicht süßlich und erdig.

BEISPIELMARKE

Cielo Rojo Bacanora: Authentisch, mit einer Mischung aus fruchtigen, erdigen und rauchigen Noten.

FAZIT

Die mexikanischen Spirituosen Tequila, Mezcal, Sotol und Bacanora sind durch ihre Geschichte und Herstellung eng miteinander verbunden. Tequila und Mezcal werden beide aus Agaven hergestellt, wobei Tequila durch seine exklusive Verwendung der Blauen Weber-Agave und die geografische Beschränkung auf Jalisco charakterisiert ist. Mezcal ist vielfältiger, da er aus verschiedenen Agavenarten produziert wird und durch das traditionelle Rösten der Agavenherzen seinen rauchigen Geschmack erhält.

Sotol und Bacanora haben ihre eigenen regionalen Wurzeln, wobei Bacanora besonders durch seine lange Geschichte der Illegalität in Sonora und seinen intensiven Geschmack gekennzeichnet ist. Sotol, aus der Wüstenlilie gewonnen, hebt sich durch seinen grasigen, mineralischen Charakter von den Agavenspirituosen ab.

Whisky und Whiskey

↓

Whisky (oder Whiskey, je nach Region) gehört zu den vielseitigsten und komplexesten Spirituosen der Welt. Verschiedene Länder haben über Jahrhunderte hinweg ihre eigenen einzigartigen Produktionsmethoden und Stile entwickelt, die durch den Einsatz unterschiedlicher Getreidesorten, Destillationsverfahren und Reifungstechniken geprägt sind. Dieses Kapitel widmet sich einer ausführlichen Betrachtung der Geschichte, der verschiedenen Whisky-Arten und der Besonderheiten, die durch geographische Unterschiede entstehen. Außerdem werden ikonische Marken besprochen, die als Beispiel für den jeweiligen Stil und Geschmack dienen.

EU-Spirituosenverordnung von 2019

Gemäß der EU-Spirituosenverordnung von 2019 gibt es strenge Richtlinien, die festlegen, wie Whisky in der EU hergestellt und vermarktet werden darf. Ein wesentlicher Aspekt ist die Definition von Whisky als ein Destillat aus Getreide, das in einer Brennerei unter Beachtung der geltenden gesetzlichen Vorschriften hergestellt wird. Diese Verordnung besagt, dass Whisky in Eichenfässern mit einem Fassungsvermögen von maximal 700 Litern für mindestens drei Jahre reifen muss. Darüber hinaus dürfen keine Aromastoffe hinzugefügt werden, und der Mindestalkoholgehalt muss 40 % betragen. Die Verordnung definiert auch spezifische Kategorien wie Single Malt, Blended Whisky und Grain Whisky und regelt, welche Begriffe für die verschiedenen Stile verwendet werden dürfen.

Geschichte und Entwicklung des Whiskys

Whisky hat eine jahrhundertealte Geschichte, die bis ins 15. Jahrhundert zurückreicht, mit Irland und Schottland als Hauptakteuren. Ursprünglich als „Aqua Vitae“ (Wasser des Lebens) bekannt, wurde Whisky zunächst für medizinische Zwecke destilliert. Die Mönche in Irland und Schottland perfektionierten die Kunst der Destillation, und es dauerte nicht lange, bis Whisky ein wichtiger Bestandteil der Kultur wurde.

Im 18. und 19. Jahrhundert führte die industrielle Revolution zu einer verstärkten Produktion und Popularität von Whisky. In Schottland führte die Einführung der Column Still (kontinuierliche Destillation) zu einem Boom in der Herstellung von Blended Whisky, während Irland seine Tradition des dreifach destillierten Whiskeys bewahrte.

Mit der Zeit breitete sich die Whiskyproduktion auf andere Länder aus, darunter die USA, Kanada und Japan, die jeweils ihre eigenen Variationen und Stile entwickelten. Heute ist Whisky eine globale Spirituose, die von Kennern auf der ganzen Welt geschätzt wird.

Whisky vs. Whiskey: Der Unterschied in der Schreibweise

Die unterschiedliche Schreibweise – „Whisky“ in Schottland, Kanada und Japan und „Whiskey“ in Irland und den USA – ist in erster Linie eine Frage der Tradition. Der Unterschied spiegelt die historischen und kulturellen Entwicklungen in den jeweiligen Ländern wider, aber beide Begriffe beziehen sich im Wesentlichen auf das gleiche Getränk.

Whisky-Sorten und ihre Unterschiede

1. Scotch Whisky

Er ist einer der bekanntesten und prestigeträchtigsten Whiskys der Welt. Um als Scotch bezeichnet zu werden, muss der Whisky in Schottland hergestellt und mindestens drei Jahre in Eichenfässern gereift sein. Scotch Whisky wird hauptsächlich aus gemälzter Gerste hergestellt und zeichnet sich durch seine Vielfalt an Aromen aus, die von der Region, dem verwendeten Wasser und den Fässern, in denen er reift, beeinflusst werden.

Arten von Scotch:

- **Single Malt Scotch:** Aus 100 % gemälzter Gerste und in einer einzigen Destillerie hergestellt.
- **Blended Scotch:** Eine Mischung aus Single Malts und Grain Whiskys.
- **Grain Whisky:** Hergestellt aus anderen Getreidesorten wie Weizen oder Mais und in kontinuierlichen Brennblasen destilliert.

Aromatische Merkmale:

Speyside – Macallan und Glenlivet

Die Speyside-Region ist bekannt für ihre milden, fruchtigen und blumigen Whiskys, oft mit süßen Noten von Vanille und Honig. Typische Vertreter sind *The Macallan* und *The Glenlivet*. Macallan ist berühmt für seine reichhaltigen Sherryfass-Aromen von Trockenfrüchten, Schokolade und Gewürzen, die durch die Reifung in Sherryfässern entstehen. Glenlivet hingegen zeichnet sich durch weiche, fruchtige Aromen von Apfel und Birne aus, begleitet von einer subtilen Honigsüße und Vanillenoten.

Highlands – Glenmorangie und Balblair

Die Highland-Region bietet eine Vielfalt an Whiskys, die von würzig und komplex bis hin zu fruchtig und rauchig reichen. *Glenmorangie* ist bekannt für seine Eleganz und Vielschichtigkeit, mit Noten von Zitrusfrüchten, Gewürzen und Vanille. *Balblair* hingegen präsentiert sich mit reichhaltigen Fruchtaromen und einer subtilen Rauchigkeit, die in Highland-Whiskys zu finden ist.

Islay – Laphroaig und Bowmore

Islay-Whiskys sind stark torfig, rauchig und oft mit medizinischen Noten von Jod und Seetang. *Laphroaig* ist berühmt für seine intensiven Torfaromen, die von medizinischen und maritimen Elementen begleitet werden. *Bowmore* hingegen bietet eine ausgewogene Mischung aus Torfrauch, salziger Meeresbrise und süßem Honig, typisch für die Islay-Region.

Lowlands – Auchentoshan

Die Lowland-Region produziert leichtere und sanftere Whiskys mit zitrusartigen Noten und einer süßen, vanilleartigen Textur. *Auchentoshan* ist ein herausragendes Beispiel für dreifach destillierten Whisky, der mit zarten Aromen von Zitrusfrüchten und Vanille besticht.

Inseln – Orkney, Skye und Mull

Orkney – Highland Park: Die Orkney-Inseln bieten mit *Highland Park* einen Whisky, der eine ausgewogene Mischung aus mildem Torfrauch, Honigsüße und floralen Heidekrautnoten vereint. Highland Park ist besonders bekannt für seine Komplexität, die den Geschmack von Torf und den süßen, blumigen Aromen ausbalanciert.

Skye – Talisker: *Talisker* ist der einzige Whisky, der auf der Insel Skye produziert wird. Er ist bekannt für seine kräftige Rauchigkeit und maritimen Noten, gepaart mit einer würzigen, pfeffrigen Intensität. Talisker verströmt Aromen von Meersalz, schwarzem Pfeffer und Torf, was ihn zu einem markanten Vertreter der Insel-Whiskys macht.

Mull – Tobermory und Ledaig: Auf der Insel Mull finden sich zwei bekannte Abfüllungen: *Tobermory*, der für seine fruchtigen und leicht salzigen Aromen bekannt ist, und *Ledaig*, der rauchigere, torfige Bruder von Tobermory. Während Tobermory frische, malzige und fruchtige Noten aufweist, ist Ledaig intensiver rauchig und erdig, mit maritimen Einflüssen.

2. Irish Whiskey

Er ist bekannt für seine dreifache Destillation, die ihm einen besonders weichen und milden Charakter verleiht. Traditionell wird er aus gemälzter und ungemälzter Gerste hergestellt und in Pot Stills destilliert. Im Vergleich zu Scotch ist irischer Whiskey oft weniger rauchig und sanfter im Abgang.

Arten von Irish Whiskey:

- **Single Pot Still:** Ein Whiskey, der aus einer Mischung von gemälzter und ungemälzter Gerste in einem Pot Still destilliert wird.
- **Blended Irish Whiskey:** Eine Mischung aus Pot Still und Grain Whiskeys.
- **Malt Whiskey:** Ein irischer Whiskey, der ausschließlich aus gemälzter Gerste und in einer einzigen Destillerie hergestellt wird. Er wird oft doppelt oder dreifach destilliert und bietet eine komplexe Palette von Aromen.

Aromatische Merkmale:

Mild, fruchtig, leicht würzig: Irischer Whiskey hat oft weiche Noten von Vanille, Karamell und Frucht. Beispiel: Jameson, der mit seinem milden und ausgewogenen Charakter ein Klassiker ist.

Vollmundig, fruchtig und würzig: Redbreast ist ein herausragender Single Pot Still Irish Whiskey, bekannt für seine Tiefe und die Aromen von Sherry, Gewürzen und Früchten.

Sanft und vanillig: Bushmills ist einer der ältesten irischen Whiskeys und bekannt für seine weichen, fruchtigen Aromen mit einer leichten Vanillenote.

The Sexton: Ein moderner Single Malt Irish Whiskey, der durch seine Reifung in Sherryfässern fruchtige Aromen und eine dezente Süße aufweist.

3. US-American Whiskey (Bourbon und Rye) Amerikanischer Whiskey – Ein Überblick

Amerikanischer Whiskey ist vielseitig, geschmacksintensiv und durch klare gesetzliche Vorgaben geprägt. Die bekanntesten Arten sind Bourbon, Rye, Tennessee Whiskey und Corn Whiskey – jeweils mit charakteristischen Mashbills (Getreidemischungen), Fassvorgaben und Produktionsweisen.

Ein zentrales Unterscheidungsmerkmal in der Herstellung ist die Art der Fermentation: Sour Mash vs. Sweet Mash.

Was ist Sour Mash?

Beim Sour-Mash-Verfahren wird ein Teil der bereits vergorenen Maische (aus dem vorherigen Brenndurchlauf) zur frischen Maische hinzugefügt. Diese leicht „saure“ Maische senkt den pH-Wert, stabilisiert die Gärung, schützt vor Bakterien und sorgt für eine gleichbleibende Qualität. Es ist die traditionelle Standardmethode in der US-Whiskey-Produktion.

Typisches Ergebnis: Stabile, harmonische Whiskeys mit klar definiertem Profil, oft etwas kräftiger im Charakter.

BEKANNTE MARKEN, DIE SOUR MASH VERWENDEN

Jim Beam: Verwendet Sour Mash für gleichbleibenden, klassischen Bourbon-Stil.
Wild Turkey: Nutzt Sour Mash für kraftvolle, würzige Aromen.
Maker's Mark: Produziert weichen Bourbon mit süßem Abgang.
Knob Creek: Steht für vollmundigen, gereiften Bourbon & Rye.
Four Roses: Kombiniert Sour Mash mit vielfältigen Hefestämmen.

Was ist Sweet Mash?

Beim Sweet-Mash-Verfahren wird jede neue Gärung mit frischer Maische angesetzt – ohne Rückführung eines sauren Anteils. Das Verfahren ist aufwändiger und hygienisch anspruchsvoller, erlaubt aber mehr Kontrolle über die Aromen und einen „reineren", frischeren Stil.

Typisches Ergebnis: Komplexe, oft fruchtigere oder getreidebetontere Whiskeys mit klarer Textur – besonders bei Craft Distillers beliebt.

BEKANNTE MARKEN, DIE SWEET MASH VERWENDEN

Woodford Reserve: Nutzt Sweet Mash in Sondereditionen.
Old Forester: Experimentiert mit Sweet Mash in Small Batches.
Peerless: Setzt ausschließlich auf Sweet-Mash-Technik.
New Riff: Bringt Sweet Mash als Bottled-in-Bond heraus.
Wilderness Trail: Steht für präzise, frische Whiskeyprofile.

Weitere Whiskey-Arten im Überblick:

- **Bourbon:** Mindestens 51 % Mais, neue ausgekohlte Eichenfässer, meist süß, vanillig, karamellig.
- **Rye Whiskey:** Mindestens 51 % Roggen, würzig, pfeffrig, kräftiger.
- **Tennessee Whiskey:** Wie Bourbon, aber mit zusätzlicher Holzkohle-Filtration („Lincoln County Process"), meist besonders weich.
- **Corn Whiskey:** Mindestens 80 % Mais, oft nicht oder nur kurz gereift, süß und kernig im Geschmack.

Verwendung der Fässer in den USA

Amerikanischer Whiskey wird fast immer in neuen, ausgebrannten Eichenfässern gereift – das ist gesetzlich für Bourbon, Rye und Tennessee Whiskey vorgeschrieben. Dadurch entstehen intensive Aromen von Vanille, Eiche, Karamell und Gewürzen. Die Kombination aus frischer Fassoberfläche und amerikanischer Weiß-Eiche ist ein wesentlicher Stilfaktor, der US-Whiskeys von z. B. schottischem Whisky unterscheidet (wo meist gebrauchte Fässer genutzt werden).

Abschließender Hinweis

Whiskey-Stile wie Wheat Whiskey (mit Weizen als Hauptgetreide) oder Blended American Whiskey (Mischung verschiedener Whiskeysorten) sind ebenfalls Teil der US-Landschaft, aber weniger verbreitet. Beide spielen in der geschmacklichen Vielfalt dennoch eine interessante Rolle.

4. Japanischer Whisky

Er orientiert sich stark am schottischen Vorbild, ist jedoch für seine subtile Eleganz und Komplexität bekannt. Die japanischen Brennereien legen großen Wert auf Präzision und Harmonie im Geschmack.

Aromatische Merkmale:

Leicht, floral, delikat: Japanische Whiskys zeichnen sich durch ihre ausgewogene und zarte Aromatik aus. Beispiel: Hibiki, ein weltberühmter Blended Whisky mit floralen Aromen und Noten von Honig, Zitrusfrüchten und Gewürzen.

Fruchtig, leicht torfig: Yamazaki ist ein Single Malt, der für seine reichen Fruchtaromen und eine subtile Würzigkeit bekannt ist.

BEISPIELMARKEN

Toki: Ein japanischer Whisky, der durch seine Leichtigkeit und floralen Noten hervorsticht und ideal für Cocktails oder puren Genuss geeignet ist.
The Chita: Ein eleganter japanischer Grain Whisky, bekannt für seine weichen, honigartigen Aromen mit einem Hauch von Vanille.

Internationaler Whisky

In den letzten Jahren haben auch andere Länder begonnen, ihre eigenen Whiskys zu produzieren, die zunehmend Anerkennung finden. Länder wie Kanada, Indien, Australien und Deutschland haben einzigartige Stile entwickelt, die oft lokale Rohstoffe und Produktionsmethoden einbeziehen.

BEISPIELMARKEN

Amrut (Indien): Bekannt für seine kräftigen, würzigen und fruchtigen Aromen, die durch das heiße Klima des indischen Subkontinents verstärkt werden.
Canadian Club (Kanada): Ein weicher Whisky mit leichter Würze und Fruchtigkeit, der für seinen sanften Charakter geschätzt wird.
Slyrs (Deutschland): Ein deutscher Single Malt, der in Bayern hergestellt wird und für seine süßen, malzigen Aromen bekannt ist, ergänzt durch leichte Fruchtnoten und eine weiche Textur.

Rohstoffe und Herstellungsprozess

Die Hauptrohstoffe für Whisky sind Wasser, Getreide (meist Gerste, Mais, Roggen oder Weizen) und Hefe. Der Herstellungsprozess beginnt mit dem Mälzen des Getreides, gefolgt vom Maischen, Fermentieren, Destillieren und Reifen. Der Brennvorgang und die Lagerung in Fässern – insbesondere die Art der verwendeten Eichenfässer – prägen den Geschmack des Endprodukts maßgeblich.

Gerste: Wird für die meisten Single Malts verwendet und bringt malzige, fruchtige Aromen hervor. Sie ist für ihre Komplexität und Tiefe bekannt und liefert eine breite Palette von Geschmacksnuancen, abhängig von der Region und der Reifung.

Mais: Die Hauptzutat für Bourbon, sorgt für Süße und Karamellnoten. Durch den hohen Anteil an Mais wird Bourbon-Whiskey weicher und süßer im Vergleich zu anderen Whiskys.

Roggen: Verleiht Rye Whiskeys ihre charakteristische Würzigkeit und Schärfe. Rye-Whiskeys haben oft pfeffrige, kräftige Noten, die einen kontrastreichen Geschmack bieten und eine intensivere Aromenstruktur haben als Whiskeys auf Gerstenbasis.

Aktuelle Trends bei Whisky

Whisky hat sich in den letzten Jahren rasant weiterentwickelt. Die zunehmende Nachfrage nach neuen, innovativen Aromen und Stilen hat zu einigen spannenden Trends geführt:

1. Cask Finishing

Viele Whiskys werden heute nach der Hauptreifung in speziellen Fässern (z. B. für Sherry, Port oder Wein) nachgereift, um zusätzliche Aromen aufzunehmen. Diese Praxis bringt dem Whisky mehr Tiefe und Komplexität. Beispiel: Macallan, bekannt für seine Sherryfass-Reifung, die ihm reichhaltige Frucht- und Gewürznoten verleiht.

2. Kleine Chargen (Small Batch)

Der Trend zu Craft-Destillerien und kleinen Produktionschargen, insbesondere in den USA, wächst stetig. Diese Whiskys bieten oft einzigartige und experimentelle Aromen, die durch sorgfältige Auswahl der Fässer und die Verwendung ungewöhnlicher Getreidesorten erzeugt werden. Ein Beispiel ist Booker's, ein kraftvoller Bourbon, der in kleinen Chargen hergestellt wird.

3. Nicht kühlfiltrierte Whiskys

Diese Whiskys behalten mehr ihrer natürlichen Öle und Geschmacksstoffe, da sie nicht durch Kaltfiltration verarbeitet werden. Dadurch bleibt der Geschmack intensiver und voller. Whiskys wie Laphroaig sind für ihre kühlfiltrationsfreien Abfüllungen bekannt, die für ein intensiveres Geschmackserlebnis sorgen.

FAZIT

Whisky und Whiskey bieten ein erstaunliches Spektrum an Aromen und Stilen, die durch unterschiedliche Rohstoffe, Herstellungsverfahren und klimatische Bedingungen geprägt werden. Ob Scotch mit seiner Komplexität und Torfigkeit, irischer Whiskey mit seiner Milde, amerikanischer Bourbon und Rye mit ihrer Süße und Würze oder japanischer Whisky mit seiner Eleganz – jede Sorte hat ihre eigenen Besonderheiten. Marken wie Laphroaig, Macallan, Maker's Mark, Jameson, Knob Creek und viele weitere bieten eine Fülle an Geschmacksprofilen für jeden Liebhaber, welche die Vielseitigkeit dieser faszinierenden Spirituose aufzeigen.
Die fortlaufende Entwicklung des Whiskys und die wachsende Kreativität der Brennereien sorgen dafür, dass es immer neue und spannende Varianten zu entdecken gibt.

Cognac und andere Weinbrände

↓

Cognac, Armagnac, Brandy de Jerez und deutscher Weinbrand gehören zu den angesehensten Spirituosen weltweit. Diese Weinbrände bieten durch ihre spezifischen Herstellungsverfahren, Reifemethoden und das Terroir eine beeindruckende Vielfalt an Aromen.

Eine detaillierte Betrachtung von Regulierung, Herstellung und Aromenvielfalt

Cognac wird durch strikte Regularien, die Wahl zwischen „sur lie" (mit Hefe) und „sans lie" (ohne Hefe) bei der Destillation und seine geschützte Herkunftsbezeichnung charakterisiert. Andere Weinbrände wie Armagnac, Brandy de Jerez und der deutsche Weinbrand Asbach bieten ebenfalls einzigartige Merkmale und Aromen.

Die gesetzlichen Anforderungen und Regularien für Cognac

Cognac wird ausschließlich in einem geografisch abgegrenzten Gebiet in im Westen Frankreichs hergestellt und unterliegt strengen gesetzlichen Vorgaben, die die Qualität und Authentizität sichern. Die wichtigsten Regularien umfassen:

1. Geografische Herkunft und Herkunftsbezeichnung (AOC)

Cognac darf nur aus der Region Charente und Charente-Maritime stammen. Dieses Gebiet ist in sechs Anbauregionen, die sogenannten „Crus", unterteilt:

Grande Champagne und Petite Champagne: Diese beiden Regionen liefern besonders hochwertige, elegante Cognacs, die lange reifen und florale Noten entwickeln.

Borderies: Diese kleinste Anbauregion bringt Cognacs mit weichen, runden Aromen und charakteristischen Veilchennoten hervor.

Fins Bois, Bons Bois und Bois Ordinaires: Diese Gebiete produzieren fruchtigere, schneller reifende Cognacs, die oft für Blends verwendet werden.

2. Rebsorten

Cognac wird hauptsächlich aus der Rebsorte Ugni Blanc hergestellt, die etwa bis 98 % der Anbauflächen einnimmt. Diese Traube zeichnet sich durch ihre hohe Säure und den geringen Zuckergehalt aus, was die Destillation und lange Reifung begünstigt. Ergänzend können Folle Blanche und Colombard verwendet werden, die leichte, fruchtige Noten hinzufügen.

3. Destillation

Der Wein für Cognac muss ohne Zusatz von Schwefel destilliert werden, und die Destillation darf ausschließlich in kupfernen „Charentais"-Brennblasen (Alambic Charentais) erfolgen. Die doppelte Destillation ist vorgeschrieben und erzeugt einen reinen, feinen Rohbrand, der maximal 72,4 % Alkoholgehalt erreicht.

4. Reifung und Lagerung

Cognac muss mindestens zwei Jahre in französischen Eichenfässern reifen. Diese Fässer bestehen meist aus Limousin- oder Tronçais-Eiche, deren Porosität es ermöglicht, dass der Cognac mit der Zeit komplexe Aromen wie Vanille, Trockenfrüchte und Gewürze entwickelt.

5. Zuckerzugabe

Wie bei Cognac wird auch bei Armagnac die Süße bewusst minimal gehalten, um den natürlichen Charakter der Spirituose zu bewahren. In der Praxis liegt die maximale Zugabe bei etwa 1–2 g/l, wobei diese Grenze als Branchenstandard gilt. Offizielle EU-Verordnungen oder Verbandsrichtlinien geben keinen höheren Wert vor.

6. Alkoholgehalt und Abfüllung

Cognac wird auf einen Alkoholgehalt von etwa 40 % eingestellt und muss in der Cognac-Region gelagert und abgefüllt werden. Die üblichen Alterskategorien geben Orientierung hinsichtlich des Reifegrads und der Aromenvielfalt:

- VS (Very Special): Mindestens zwei Jahre gereift.
- VSOP (Very Superior Old Pale): Mindestens vier Jahre gereift, mit einem ausgewogeneren Aromenspektrum.
- XO (Extra Old): Mindestens zehn Jahre gereift, oft mit tiefen, komplexen Aromen von Leder, Tabak und getrockneten Früchten.

AROMENVIELFALT UND BEISPIELE FÜR COGNAC-MARKEN

Die Wahl zwischen „sur lie“ und „sans lie“ in der Destillation beeinflusst das Geschmacksprofil maßgeblich:
Sur Lie (mit Hefe): „Sur-Lie“-Destillation, bei der die Hefe im Wein verbleibt, erzeugt vollere, intensivere Cognacs mit Noten von Nüssen und Hefe.
Rémy Martin und Ferrand: Marken, die auf „sur lie“ setzen und Cognacs mit samtiger Textur und tiefen, fruchtigen Aromen produzieren.
Sans Lie (ohne Hefe): Die „Sans-Lie“-Destillation ohne Hefe ergibt leichtere, klarere Cognacs mit floralen und fruchtigen Noten.
Hennessy, Martell und Courvoisier: Diese Marken nutzen die „Sans-Lie“-Technik und bieten elegante, fruchtbetonte Cognacs mit einem reinen, klaren Profil.

Armagnac: Der kraftvolle Verwandte des Cognacs

Armagnac unterscheidet sich von Cognac durch seinen robusteren, rustikaleren Charakter, seine Anbauregion und die Herstellungsmethoden. Er wird in der Gascogne, insbesondere in den Gebieten Bas-Armagnac, Ténarèze und Haut-Armagnac, hergestellt. Im Gegensatz zu Cognac wird Armagnac meist nur einmal destilliert, was ihm eine kräftigere Struktur und eine intensivere Aromatik verleiht. Die wichtigsten Unterschiede zu Cognac umfassen:

Rebsorten: Armagnac wird traditionell einmal in einer Säulenbrennerei (Alambic Armagnacais) destilliert. Durch diese einmalige Destillation bleiben mehr Aromen und Geschmacksstoffe erhalten, was zu einem kräftigeren, rustikalen und erdigen Profil führt.

Destillationsverfahren: Armagnac wird traditionell einmal in einer Säulenbrennerei (Alambic Armagnacais) destilliert. Durch diese einmalige Destillation bleiben mehr Aromen und Geschmacksstoffe erhalten, was zu einem kräftigeren, rustikalen und erdigen Profil führt.

Aromatik und Geschmacksprofil: Armagnac ist in der Regel kräftiger, mit Noten von Trockenfrüchten, Veilchen, Gewürzen und Tabak. Er wird oft als rustikaler und intensiver beschrieben und entwickelt mit zunehmender Reife tiefere Holzaromen und Gewürznoten.

Brandy de Jerez: Der süße Spanier

Der Brandy de Jerez wird im andalusischen Jerez de la Frontera produziert und zeichnet sich durch das Solera-System aus, bei dem der Brandy in Sherryfässern reift. Die kontinuierliche Vermischung jüngerer und älterer Brandys ergibt eine reiche, fruchtige Aromatik:

Typische Aromen: Brandy de Jerez ist oft geprägt von Noten wie Rosinen, Datteln, Vanille und Karamell, oft mit einer leicht oxidativen Sherry-Süße.

BEISPIELMARKEN

Carlos I: Bietet ein vollmundiges Profil mit Aromen von Vanille und Muskatnuss, die durch die Reifung in Sherryfässern entstehen.
Osborne und Gran Duque d'Alba: Marken, die für ihre komplexen, reichen Noten von Schokolade, Kakao und getrockneten Früchten bekannt sind, die durch die Lagerung im Solera-System intensiviert werden.

Zuckerzugabe gemäß EU-Verordnung: Brandy de Jerez darf bis zu 40 g/l Zucker enthalten, was zu seinem charakteristischen süßeren Geschmacksprofil beiträgt.

Deutsche Weinbrände: Asbach und seine Vielfalt

Asbach ist eine der bekanntesten deutschen Weinbrand-Marken und steht für hohe Qualität und eine breite Palette an Reifestufen:

Asbach Original drei Jahre: Ein milder Weinbrand mit Vanille- und blumigen Noten.

Asbach Privatbrand acht Jahre: Dieser reifere Weinbrand bietet intensivere Karamell- und Eichennoten.

Asbach Spezialbrand fünfzehn Jahre: Ein vollmundiger Weinbrand mit tiefen Aromen von Schokolade und Gewürzen.

Asbach Goethe Jahrgangsbrand: Die Premiumqualität von Asbach, die durch eine lange Reifung komplexe Noten von Trockenfrüchten, Vanille und Nüssen entwickelt.

Zuckerzugabe gemäß EU-Verordnung: Auch für deutschen Weinbrand liegt der erlaubte Zuckergehalt bei 20 g/l, um den fruchtigen und holzigen Charakter zu bewahren.

FAZIT

Cognac, Armagnac, Brandy de Jerez und deutscher Weinbrand bieten ein breites Spektrum an Aromen, das durch die spezifischen Herstellungsverfahren, das Terroir und strenge Regularien geprägt ist. Die europäischen Vorgaben zur maximalen Zuckerzugabe gewährleisten, dass die Authentizität jeder Spirituose gewahrt bleibt: Cognac, Armagnac und deutscher Weinbrand dürfen jeweils bis zu 2 g/l Zucker enthalten, während Brandy de Jerez mit bis zu 40 g/l eine süßere Note haben kann. Marken wie Rémy Martin, Ferrand, Carlos I, Osborne, Gran Duque d'Alba und Asbach bieten eine Vielfalt, die sowohl für Einsteiger als auch für Kenner interessante Geschmackserlebnisse bereithält.

Obstbrände und Obstgeiste

↓

Obstbrände und Obstgeiste gehören zu den ältesten und vielfältigsten Spirituosenkategorien in Europa. Sie werden hauptsächlich aus verschiedenen Früchten destilliert und bieten eine beeindruckende Bandbreite an Aromen, die den typischen Charakter und das Terroir der verwendeten Früchte widerspiegeln. Die Herstellung und Regularien für Obstbrände und Obstgeiste unterscheiden sich je nach Ursprungsland und Art des verwendeten Rohstoffs.

Gesetzliche Anforderungen und Herstellung von Obstbränden und Obstgeisten

Die Europäische Spirituosenverordnung legt fest, dass Obstbrände und Obstgeiste nach klar definierten Methoden hergestellt werden müssen, um die Authentizität der Produkte zu sichern. Die Herstellung von Obstbränden und Obstgeisten folgt traditionellen Destillationsmethoden, jedoch mit wichtigen Unterschieden, vor allem in der Art und Weise, wie die Aromen aus den Früchten gewonnen werden.

1. Obstbrand (Obstwasser)

Die Früchte werden zunächst fermentiert, um den natürlichen Fruchtzucker in Alkohol umzuwandeln. Anschließend wird der vergorene Fruchtbrei in Kupferbrennblasen destilliert. Durch die Destillation werden die Aromen und der Alkohol extrahiert und konzentriert. Das Ergebnis ist ein klarer, aromatischer Obstbrand mit einem Alkoholgehalt von etwa 40 % bis 45 %. Der Geschmack des Obstbrandes stammt direkt aus dem Fruchtzucker, der durch die Gärung zu Alkohol umgewandelt wird. Obstbrände dürfen keinen zusätzlichen Zucker enthalten.

2. Obstgeist

Die frischen Früchte werden in neutralem Alkohol mazeriert, um die Fruchtaromen zu extrahieren. Anschließend wird das Gemisch destilliert, wodurch der Alkohol die Aromen der Früchte aufnimmt. Da bei Obstgeisten keine Gärung stattfindet, bleibt der reine Fruchtcharakter erhalten, was zu einer leichteren und fruchtbetonteren Spirituose führt.

Obstgeiste werden vor allem aus Früchten hergestellt, die wenig Fruchtzucker enthalten und sich daher nicht gut zur Gärung eignen, wie etwa Himbeeren oder Heidelbeeren.

Auch hier dürfen keine zusätzlichen Aromen oder Zucker zugesetzt werden, ausschließlich der natürliche Zucker der Früchte ist im Obstgeist enthalten.

Bekannte Sorten: Himbeergeist, Schlehengeist, Brombeergeist.

Typische Aromen und bekannte Marken

Obstbrände und Obstgeiste bieten eine breite Vielfalt an Aromen, die je nach Fruchtart und Destillationsverfahren variieren. Der charakteristische Geschmack stammt direkt von den verwendeten Früchten, wodurch jede Sorte ihre typischen Aromen entfaltet:

Obstbrände:

Williams-Christ-Birnenbrand: Intensive, süße Aromen von reifen Birnen, oft begleitet von einem Hauch Vanille und leichter Würze.

Kirschwasser: Noten von reifen Kirschen mit einem leicht herben, mandelartigen Abgang, der von den Kirschkernen stammt.

Mirabellenbrand: Weiche, süße Aromen von Mirabellen, ergänzt durch florale und leicht würzige Nuancen.

BEISPIELMARKEN

Fassbind: Eine Schweizer Traditionsmarke, bekannt für qualitativ hochwertige Obstbrände aus regionalen Früchten.
Walcher: Diese Südtiroler Brennerei produziert Obstbrände mit besonderem Fokus auf Bio-Qualität und Reinheit, darunter ausgezeichnete Williams-Birnen- und Apfelbrände.
Psenner: Eine renommierte Brennerei aus Italien, die für ihre exzellenten Birnen- und Zwetschgenbrände bekannt ist und ausschließlich lokale Früchte verwendet.

Obstgeiste:

Himbeergeist: Frische, fruchtige Aromen von Himbeeren mit leicht floralen Noten und einem weichen, süßen Abgang.

Schlehengeist: Würzige, leicht herbe Aromen von Schlehen mit einem subtilen Hauch von Marzipan.

Brombeergeist: Reife, vollmundige Brombeernoten, ergänzt durch florale und erdige Nuancen.

BEISPIELMARKEN

Blümelhuber & Lang: Die hochprämierte Destillerie aus Oberfanken bietet Geiste und Liköre an, die sowohl regionale Rohstoffe wie Vogelbeere und Kümmel verarbeitet als auch hocharomatische Orangen aus Spanien. Der Anspruch der Destillerie ist es, die Frucht geschmacklich nahezu unverändert in die Flasche zu bekommen.
Edelbrände Prinz: Bietet eine Auswahl an Obstgeisten und Bränden, darunter beliebte Sorten wie Schlehen- und Brombeergeist.

Zuckerzugabe gemäß EU-Spirituosenverordnung

Die Europäische Spirituosenverordnung legt klare Regeln für die Zuckerzugabe bei Obstbränden und Obstgeisten fest, um die Authentizität und Reinheit der Fruchtaromen zu gewährleisten:

Obstbrände: Es ist gesetzlich verboten, Zucker oder zusätzliche Aromastoffe hinzuzufügen. Der Geschmack muss ausschließlich aus den vergorenen Früchten stammen. Damit wird sichergestellt, dass Obstbrände ihren typischen, unverfälschten Fruchtgeschmack beibehalten.

Obstgeiste: Auch bei Obstgeisten ist eine Zuckerzugabe nicht erlaubt. Da der Geschmack durch die Mazeration in neutralem Alkohol extrahiert wird, bleibt der reine Fruchtcharakter im Vordergrund.

Aktuelle Trends und Innovationen bei Obstbränden und Obstgeisten

In den letzten Jahren haben Obstbrände und Obstgeiste neue Aufmerksamkeit erhalten, und Hersteller setzen auf Innovationen, um das Aromenspektrum zu erweitern und die Qualität weiter zu verbessern:

Cask Finishing

Einige Hersteller experimentieren mit Cask Finishing, bei dem Obstbrände nach der Destillation in speziellen Fässern, wie zum Beispiel Sherry- oder Whiskyfässern, nachreifen. Diese Vorgehensweise fügt zusätzliche Aromen von Holz und Gewürzen hinzu und verleiht dem Obstbrand eine neue Dimension.

Bio-Qualität und Nachhaltigkeit

Die Nachfrage nach biologischen Produkten steigt und immer mehr Produzenten setzen auf Früchte aus ökologischem Anbau und umweltfreundliche Produktionsmethoden. Bio-Obstbrände und -geiste bieten eine nachhaltige Alternative und werden zunehmend beliebt.

Kleine Chargen und limitierte Abfüllungen

Viele Brennereien bieten limitierte Abfüllungen oder spezielle Jahrgangsbrände an, die nur in kleinen Mengen verfügbar sind. Diese Abfüllungen heben die Charakteristika der verwendeten Früchte und des jeweiligen Jahrgangs hervor und bieten Liebhabern eine einzigartige Geschmackserfahrung.

FAZIT

Obstbrände und Obstgeiste bieten durch ihre traditionellen Herstellungsverfahren und die strenge Einhaltung der EU-Vorgaben eine unverfälschte Aromenvielfalt. Obstbrände, wie Kirschwasser oder Williams-Christ-Birnenbrand, entstehen durch Fermentation und destillieren die Essenz der Früchte, während Obstgeiste, wie Himbeergeist oder Schlehengeist, durch Mazeration die fruchtige Leichtigkeit bewahren. Die EU-Spirituosenverordnung erlaubt keine Zuckerzugabe, was die Reinheit und Authentizität dieser Spirituosen sicherstellt. Marken wie Fassbind, Walcher, Psenner, Humbel und Schwarzwald-Brennerei verkörpern die Kunst und Tradition der Obstbrennerei und bieten Genießerinnen und Genießern ein breites Spektrum an fruchtigen und aromatischen Geschmackserlebnissen.

Likӧre und Sirupe

↓

Liköre und Sirupe sind zentrale Bestandteile der Bar- und Cocktailkultur und werden sowohl als Basiszutat als auch zum Verfeinern von Getränken eingesetzt. Liköre sind alkoholische Getränke, die mit Zucker und verschiedenen Aromen wie Früchten, Kräutern, Gewürzen oder Blüten veredelt sind. Sirupe hingegen sind alkoholfreie, süße Flüssigkeiten, die Aromen in konzentrierter Form bieten und Cocktails oder alkoholfreien Getränken Geschmack und Süße verleihen.

Liköre: Herstellung, Typen und Beispiele

Liköre bestehen aus einer Mischung aus Alkohol, Zucker und aromatischen Zutaten, die durch Mazeration, Infusion oder Destillation in die Basis eingearbeitet werden. Diese Zutaten verleihen dem Likör ein intensives und charakteristisches Geschmacksprofil. Der Zuckergehalt ist in der EU-Verordnung geregelt und muss bei Likören mindestens 100 g/l betragen.

Herstellungsmethoden:

Mazeration: Früchte, Kräuter oder Gewürze werden in Alkohol eingelegt, sodass die Aromen und Farben in die Flüssigkeit übergehen.

Infusion: Eine schnellere Methode, bei der die Aromen durch Erwärmen extrahiert werden.

Destillation: Die aromatischen Zutaten werden mit Alkohol destilliert, um ein besonders reines und intensives Aroma zu erhalten.

TYPEN UND BEISPIELE

Fruchtliköre: Fruchtliköre enthalten konzentrierte Aromen von Früchten und werden oft pur oder in Cocktails verwendet.

Bols: Eine der ältesten Likörmarken aus den Niederlanden, bekannt für seine große Auswahl an Fruchtlikören. Klassiker wie Bols Blue Curacao, Erdbeer- und Bananenlikör sind in der Cocktailkultur beliebt.
Cointreau: Ein bekannter französischer Orangenlikör auf Triple-Sec-Basis, der in zahlreichen klassischen Cocktails wie Margarita und Cosmopolitan verwendet wird. Er zeichnet sich durch sein intensives Orangenaroma und eine ausgewogene Süße aus.

Kräuter- und Gewürzliköre: Diese Liköre basieren auf Kräutern und Gewürzen und bieten komplexe, würzige Aromen.

Italicus: Ein italienischer Likör, der aus Bergamotte und verschiedenen Kräutern und Gewürzen hergestellt wird. Italicus zeichnet sich durch ein florales und zitrisches Aroma aus und eignet sich hervorragend als Aperitif.
Ancho Reyes: Ein mexikanischer Likör, der aus Ancho-Chilis hergestellt wird. Der Likör bietet eine ausgewogene Mischung aus Süße, Würze und Schärfe und wird häufig in Cocktails verwendet, um eine besondere, pikante Note hinzuzufügen.

Spezialliköre: Diese Liköre werden mit einzigartigen Zutaten hergestellt, die ihnen ein besonders charakteristisches Aroma verleihen.

Ferrand: Die Marke Maison Ferrand bietet unter anderem Liköre wie „Ferrand Dry Curacao" an, ein Orangenlikör, der durch Cognac verfeinert und in traditionellen Fässern gereift ist. Er bietet komplexe Zitrus- und Holzaromen.
Dos Mas: Ein Likör auf Basis von Tequila mit Zimtgeschmack. Dos Mas ist besonders bei jüngeren Konsumenten beliebt und wird oft als Shot serviert.

Sirupe: Herstellung, Typen und Beispiele

Sirupe sind konzentrierte, süße Flüssigkeiten, die aus Zucker, Wasser und Aromen bestehen. Sie werden oft zur Abrundung von Cocktails, Limonaden oder Desserts verwendet und bieten eine einfache Möglichkeit, Süße und Geschmack hinzuzufügen. Sirupe sind alkoholfrei und variieren je nach Geschmack und Konsistenz.

Herstellung

Die Herstellung von Sirup erfolgt in der Regel durch Auflösen von Zucker in Wasser und das Einmischen von Aromastoffen. Früchte, Kräuter oder Gewürze werden entweder durch Mazeration oder Infusion in den Sirup eingearbeitet.

TYPEN UND BEISPIELE

Fruchtsirupe: Diese Sirupe sind aromatisch und fruchtig und werden oft als Basis für Cocktails und alkoholfreie Getränke verwendet.

John's: Bekannt für eine große Auswahl an Fruchtsirupen wie Grenadine, Limette und Mango. Die Marke wird häufig in Bars und Restaurants verwendet, da die Sirupe intensiven Geschmack bieten und vielseitig einsetzbar sind.
Riemerschmid: Eine deutsche Marke mit einer Vielzahl an hochwertigen Frucht- und Cocktail-Sirupen. Riemerschmid bietet Klassiker wie Johannisbeere, Sauerkirsche und Maracuja an, die in der Cocktail- und Gastronomieszene weit verbreitet sind.

Kräuter- und Gewürzsirupe: Diese Sirupe sind ideal für die Zubereitung von würzigen Cocktails und Mixgetränken.

Fabbri: Ein italienischer Siruphersteller, der für seine Amarena-Kirschen und die dazu passenden Sirupe bekannt ist. Der Amarena-Sirup von Fabbri ist ein Klassiker für Desserts und Cocktails und verleiht Getränken eine süße, fruchtige Note.
John's Cordial Sirups: Ein britischer Hersteller von handgefertigten, intensiven Sirupen wie Ginger, Elderflower und Lime. Sie bieten natürliche Aromen und hohe Qualität, ideal für Cocktails und Limonaden.

Zuckerzugabe und Regularien

Die Europäische Spirituosenverordnung regelt den Mindestzuckergehalt bei Likören auf 100 g/l. Die Süße variiert je nach Likörtyp; Fruchtliköre sind oft süßer, während Kräuter- und Gewürzliköre manchmal eine ausgewogene Süße und Würze bieten.

Sirupe haben in der Regel einen sehr hohen Zuckeranteil, oft zwischen 400 und 700 g/l, um die Haltbarkeit zu verlängern und eine dichte Konsistenz zu erzeugen.

Aktuelle Trends und Innovationen bei Likören und Sirupen

Natürliche und regionale Zutaten

Immer mehr Hersteller setzen auf natürliche Zutaten und verzichten auf künstliche Aromen oder Farbstoffe. Marken wie Fabbri verwenden hochwertige, regionale Früchte, um einen authentischen Geschmack zu garantieren.

Kreative Geschmacksrichtungen und exotische Zutaten

Liköre wie Ancho Reyes bieten eine pikante, ungewöhnliche Note, die in klassischen Cocktails neue Akzente setzt. Auch bei Sirupen wird zunehmend mit exotischen Geschmacksrichtungen wie Yuzu, Hibiskus oder Lavendel experimentiert.

Verwendung in der modernen Mixologie

Sirupe und Liköre spielen in der modernen Cocktailkultur eine wichtige Rolle. Sie ermöglichen es Barkeepern, komplexe Geschmacksprofile zu schaffen und traditionelle Cocktails neu zu interpretieren.

FAZIT

Liköre und Sirupe sind unverzichtbare Komponenten in der Welt der Getränke und Cocktails. Liköre wie Bols, Cointreau, Ferrand, Ancho Reyes, Dos Mas und Italicus bieten eine Vielzahl an Geschmacksprofilen, die von fruchtig und süß bis würzig und komplex reichen. Sie eignen sich sowohl pur als auch in Cocktails und bringen intensiven Geschmack in jede Kreation.

Sirupe wie John's, Fabbri und Riemerschmid sind ideal, um Cocktails oder alkoholfreien Getränken Süße und Aromen hinzuzufügen und bieten mit ihren vielfältigen Sorten von Frucht- bis Gewürzsirupen eine breite Auswahl. Die richtige Auswahl und Kombination von Likören und Sirupen ermöglicht es, die Aromen und die Balance eines Getränks optimal zu gestalten und den Geschmack zu verfeinern.

Bitterliköre, Amaro, Halbbitter sowie Kräuter- und Gewürzliköre

↓

Bitterliköre, Amari, Halbbitter sowie Kräuter- und Gewürzliköre gehören zu den ältesten Spirituosenkategorien und haben eine lange Tradition in Europa. Sie zeichnen sich durch die Verwendung von Kräutern, Gewürzen, Wurzeln und anderen pflanzlichen Zutaten aus, die ihnen eine einzigartige Aromenvielfalt verleihen. Diese Liköre werden häufig als Digestif oder Aperitif genossen und sind in der Bar- und Cocktailkultur fest verankert.

Bitterliköre und Amari: Herstellung, Zuckergehalte und Besonderheiten

Bitterliköre und Amari (amaro = italienisch für „bitter“) sind Kräuterliköre, die meist einen bittersüßen Geschmack aufweisen und traditionell in Italien und anderen europäischen Ländern als Aperitif oder Digestif serviert werden.

Herstellung und Zutaten

Die Basis für Bitterliköre und Amari ist meist ein neutraler Alkohol oder ein Weinbrand, der mit einer Mischung aus Kräutern, Gewürzen, Wurzeln, Zitrusschalen und anderen aromatischen Pflanzenbestandteilen mazeriert wird. Die genaue Rezeptur variiert je nach Hersteller und Marke und ist oft ein streng gehütetes Geheimnis. Die Mazeration der Zutaten im Alkohol dauert mehrere Wochen, um die Aromen und Bitterstoffe zu extrahieren. Anschließend wird der Likör oft durch eine zusätzliche Reifezeit verfeinert.

Bitterstoffe und Süßung: Bitterliköre und Amari enthalten häufig Bitterstoffe wie Enzian, Chinarinde oder Wermut. Eine leichte Süßung wird häufig hinzugefügt, um die Balance zwischen Bitterkeit und Süße zu erreichen und den Geschmack zugänglicher zu machen.

Zuckerzugabe gemäß EU-Spirituosenverordnung

Die Europäische Spirituosenverordnung legt fest, dass Bitterliköre und Amari einen Mindestzuckergehalt von 100 g/l aufweisen müssen. Diese Menge sorgt für eine Balance zwischen der Bitterkeit der Kräuter und der gewünschten Süße. Es gibt jedoch Ausnahmen, bei denen bewusst auf Zucker verzichtet wird.

BEISPIELE UND BESONDERE MARKEN

Die Aromen von Bitterlikören und Amari reichen von intensiven Kräuternoten bis hin zu zitrischen und erdigen Tönen. Die Marken unterscheiden sich stark durch ihre Rezepturen und Zutaten

Aperol: Ein beliebter italienischer Bitteraperitif mit leichten, fruchtigen Noten von Orange und Rhabarber. Er hat eine mildere Bitterkeit und wird häufig für Aperitifs wie den Aperol Spritz verwendet.
Campari: Ein klassischer italienischer Bitterlikör, der sich durch seine kräftige rote Farbe und bittersüße Aromen von Zitrusfrüchten und Kräutern auszeichnet.
Pampelle: Ein französischer Bitterlikör, der auf den Aromen von Pampelmusen basiert und eine fruchtige, bittersüße Note besitzt. Er wird gerne in Cocktails und als Aperitif genossen.
Bitter Ernst: Ein Bitter auf Basis von Roggenalkohol mit Wacholder und weiteren geheimen Zutaten, die ihm eine besondere Komplexität verleihen.

Halbbitter: Definition, Beispiele und Besonderheiten

Halbbitter bezeichnet Kräuterliköre mit einem geringeren Bitterkeitsgrad als klassische Bitterliköre und Amari. Halbbitter-Liköre sind bittersüß, aber weniger intensiv in der Bitterkeit und etwas zugänglicher im Geschmack. Häufig werden sie auch als Aperitif oder Digestif genossen und sind in der Cocktailkultur vielseitig einsetzbar.

Herstellung und Zutaten

Wie bei Bitterlikören werden auch bei Halbbitter-Likören Kräuter, Gewürze, Früchte und andere pflanzliche Zutaten mazeriert. Der Geschmack ist zwischen bitteren und süßen Noten ausgewogen und der Zuckeranteil ist oft höher als bei klassischen Bitterlikören.

BEISPIELE FÜR HALBBITTER-LIKÖRE

Ramazzotti: Ein italienischer Halbbitter-Likör, der aus 33 Kräutern und Gewürzen hergestellt wird und durch milde Bitterkeit und süßliche Aromen von Orangen und Gewürzen charakterisiert ist.
Amaro Montenegro: Ein beliebter Halbbitter mit einem milden, komplexen Aroma, das von Kräutern, Zitrusfrüchten und süßen Noten dominiert wird.
Sarti: Ein italienischer Halbbitter mit einer Mischung aus süßen und würzigen Noten. Klassisches Sarti besticht durch Aromen von Zitrusfrüchten, Vanille und Kräutern und ist für seine harmonische Balance zwischen Süße und Bitterkeit bekannt. Sarti Rosa ergänzt dies mit Blutorange, Mango und Passionsfrucht.

Kräuter- und Gewürzliköre: Herstellung, Zuckergehalte und typische Aromen

Kräuter- und Gewürzliköre unterscheiden sich von Bitterlikören und Amari durch ihren meist weniger ausgeprägten Bittercharakter und eine stärkere Betonung von süßen, würzigen oder fruchtigen Noten. Sie sind in vielen europäischen Ländern verbreitet, wobei jede Region ihre eigenen traditionellen Rezepte und Techniken entwickelt hat.

Herstellung und Zutaten

Kräuter- und Gewürzliköre werden aus einer Mischung aus Kräutern, Gewürzen, Blüten und manchmal auch Früchten hergestellt. Diese werden in Alkohol eingelegt und anschließend destilliert oder filtriert. Die Süßung ist in der Regel höher als bei Bitterlikören, was sie süffiger und vielseitiger macht. Häufig werden zusätzliche Aromen wie Honig, Karamell oder Zitrusschalen verwendet.

Zuckerzugabe gemäß EU-Verordnung

Die EU-Spirituosenverordnung schreibt für Kräuter- und Gewürzliköre ebenfalls einen Mindestzuckergehalt von 100 g/l vor, um die Balance zwischen den Kräuteraromen und der Süße zu wahren.

TYPISCHE AROMEN UND BEISPIELE FÜR KRÄUTER- UND GEWÜRZLIKÖRE

Kräuter- und Gewürzliköre bieten eine breite Palette an Aromen, die von süß und würzig bis fruchtig und blumig reichen:

Jägermeister: Ein deutscher Kräuterlikör mit 56 Kräutern und Gewürzen, der für seine ausgewogene Mischung aus süßen und würzigen Aromen bekannt ist.
Chartreuse: Ein französischer Kräuterlikör in den Sorten Grün und Gelb, hergestellt von Kartäusermönchen. Der Grüne Chartreuse ist intensiver und herber, während der Gelbe Chartreuse milder und süßer ist.
Drambuie: Ein schottischer Likör auf Whisky-Basis, der mit Honig, Kräutern und Gewürzen aromatisiert ist und einen süßen, würzigen Geschmack hat.

Aktuelle Trends und Innovationen bei Bitterlikören und Kräuterlikören

Bitterliköre, Halbbitter und Kräuterliköre erleben in den letzten Jahren eine Renaissance und viele Hersteller setzen auf neue Techniken und ungewöhnliche Zutaten.

Handwerklich produzierte Amari und Bitterliköre

Kleine Destillerien experimentieren zunehmend mit neuen Bitterlikör- und Amaro-Rezepturen und verwenden dabei lokale Kräuter und Gewürze. Diese handwerklich hergestellten Produkte bieten oft einzigartige Aromen und werden in kleinen Chargen produziert.

Verwendung in der modernen Cocktailkultur

Bitterliköre und Kräuterliköre sind essenzielle Bestandteile vieler klassischer Cocktails wie dem Negroni, Boulevardier und Manhattan. Die Vielseitigkeit dieser Liköre hat zu neuen Interpretationen geführt, die das Aromenspektrum der Cocktails erweitern.

Botanische Experimente und neue Geschmackskombinationen

Viele Brennereien experimentieren mit exotischen Botanicals und ungewöhnlichen Zutaten wie Hibiskus, Ingwer, Zitronengras und Szechuan-Pfeffer. Diese Innovationen sorgen für eine breitere Geschmackspalette und machen die Produkte auch für ein jüngeres Publikum interessant.

FAZIT

Bitterliköre, Amari, Halbbitter sowie Kräuter- und Gewürzliköre bieten eine beeindruckende Vielfalt an Aromen und haben eine lange Geschichte in der europäischen Likörtradition. Bitterliköre und Amari sind meist bittersüß und enthalten eine Vielzahl von Kräutern und Gewürzen, die eine harmonische Balance zwischen Bitterkeit und Süße schaffen. Halbbitter wie Ramazzotti und Sarti bieten eine mildere Alternative mit süßlichen, weniger intensiven Noten. Kräuter- und Gewürzliköre wie Jägermeister, Chartreuse und Drambuie setzen auf eine komplexe Mischung aus pflanzlichen Zutaten, die ihnen eine süße, würzige oder leicht bittere Note verleihen.

Die Einhaltung der EU-Vorgaben zur Zuckerzugabe stellt sicher, dass die Balance zwischen Bitterkeit, Süße und Kräuteraromen gewahrt bleibt. Einige Marken wie Underberg verzichten jedoch vollständig auf Zucker, um ein authentisches, pures Geschmackserlebnis zu bieten. Marken wie Campari, Averna, Aperol, Pampelle, Ernst (mit Roggenalkoholbasis und Wacholder), Jägermeister und Drambuie bieten eine breite Palette an Geschmacksprofilen und sind sowohl in der Cocktailwelt als auch als Digestif nicht mehr wegzudenken.

Wermut, Aperitifweine, Portwein, Sherry und andere angereicherte Weine

↓

Angereicherte und aromatisierte Weine wie Wermut, Aperitifweine, Portwein und Sherry sind zentrale Bestandteile der Bar- und Cocktailkultur. Sie verbinden die Eleganz des Weins mit intensiven Aromen, einem höheren Alkoholgehalt und vielfältigen Einsatzmöglichkeiten. Diese Weine finden sowohl pur als auch in Cocktails Verwendung und bringen eine beeindruckende geschmackliche Tiefe mit sich.

Wermut (Vermouth)

Herkunft und Herstellung

Wermut ist ein aromatisierter Wein, der durch das Wermutkraut (*Artemisia absinthium*) seine charakteristische Bitterkeit erhält. Die moderne Form des Wermuts entwickelte sich im 18. Jahrhundert in Italien und Frankreich.

Grundlage: Wein wird mit neutralem Alkohol angereichert und mit Kräutern, Gewürzen, Zitrusschalen und Wurzeln aromatisiert.

Charakteristischer Geschmack: Eine Balance aus Bitterkeit, Süße und den verwendeten Botanicals.

Typen und Beispiele

Dry Vermouth (trockener Wermut)
Eigenschaften: Trocken, mit weniger als 50 g/l Zucker. Leichte Kräuternoten.
Verwendung: Klassiker wie Martini.
BEISPIELMARKEN
Cinzano 1757 Extra Dry,
Carpano Dry Vermouth

Rosso / Sweet Vermouth (süßer Wermut)
Eigenschaften: Vollmundig und süß, mit mindestens 150 g/l Zucker.
Verwendung: Essentiell für Cocktails wie Negroni oder Manhattan.
BEISPIELMARKEN
Carpano Antica Formula,
Cinzano 1757 Rosso

Bianco / Blanc Vermouth (weißer Wermut)
Eigenschaften: Halbtrocken bis süß, mit floralen und fruchtigen Noten.
Verwendung: Perfekt pur auf Eis oder in leichten Aperitifs.
BEISPIELMARKEN
Del Professore Bianco,
Muntaner Vermut Blanc

Moderne Trends

Handwerklich hergestellte Wermuts wie Del Professore oder Muntaner setzen auf hochwertige Botanicals und regionale Zutaten, um innovative Aromen zu kreieren.

Aperitifweine

Aperitifweine sind aromatisierte Weine, die häufig mit Kräutern, Gewürzen und Zitrusfrüchten angereichert werden. Sie sollen den Appetit anregen und eignen sich hervorragend als leichter Einstieg in ein Menü.

Lillet: Von Kina Lillet zum heutigen Klassiker

Geschichte: Lillet wurde 1872 in Podensac bei Bordeaux von den Brüdern Lillet gegründet. Der ursprüngliche Kina Lillet enthielt Chinarinde (Chinin), die für eine bittere Note sorgte.

Entwicklung: In den 1980er-Jahren wurde Kina Lillet überarbeitet. Das Chinin wurde reduziert, wodurch Lillet Blanc milder und fruchtiger wurde. Heute sind auch Lillet Rosé und Lillet Rouge erhältlich.

Aromen: Lillet Blanc besticht durch Noten von Zitrusfrüchten und Honig, Lillet Rosé bringt florale und beerige Aromen.

Verwendung: In Cocktails wie dem Vesper Martini oder Lillet Vive (mit Tonic Water, Minze und Gurke) beliebt.

Weitere Aperitifweine

- Cocchi Americano: Ein italienischer Aperitif mit deutlicheren Bitternoten durch Chinarinde.
- Americano Gancia: Ein aromatisierter Wein mit Zitrus- und Kräuternoten, ideal für leichte Aperitifs.

Portwein

Herkunft und Herstellung

Portwein stammt aus dem Douro-Tal in Portugal. Durch die Zugabe von Brandy wird die Gärung gestoppt, was den natürlichen Zuckergehalt bewahrt und Portwein seine Süße verleiht.

Typen und Beispiele

Ruby Port
Eigenschaften: Fruchtig und frisch, mit Aromen von roten Beeren.
BEISPIELMARKEN
Sandeman Ruby, Presidential Ruby

Tawny Port
Eigenschaften: Oxidativ gereift, mit nussigen und karamelligen Aromen.
BEISPIELMARKEN
Ramos Pinto Tawny,
Sandeman Tawny 10 Years

White Port
Eigenschaften: Trocken bis süß, mit floralen und nussigen Noten.
BEISPIELMARKEN
Ramos Pinto White, Presidential White

Vintage Port
Eigenschaften: Aus einem Jahrgang, kräftig und komplex. Muss dekantiert werden.
BEISPIELMARKEN
Sandeman Vintage, Ramos Pinto Vintage

Late Bottled Vintage (LBV)
Eigenschaften: Jahrgangsport, länger im Fass gereift, trinkfertig.
BEISPIELMARKEN
Sandeman LBV, Presidential LBV

Colheita Port
Eigenschaften: Jahrgangs-Tawny mit oxidativer Reifung.
BEISPIELMARKEN
Ramos Pinto Colheita, Sandeman Colheita

Sherry

Herkunft und Herstellung

Sherry ist ein angereicherter Wein aus Jerez in Spanien. Das Solera-System verleiht ihm eine einzigartige Balance zwischen Frische und Reife.

Typen und Beispiele

Fino
Eigenschaften: Trocken, nussig, unter Florhefe gereift.
BEISPIELMARKEN
Osborne Fino Quinta, Don Zoilo Fino

Amontillado
Eigenschaften: Trocken bis halbtrocken, komplex, nussig und würzig.
BEISPIELMARKEN
Don Zoilo Amontillado, Osborne Amontillado

Oloroso
Eigenschaften: Oxidativ gereift, mit intensiven Aromen von Karamell und Trockenfrüchten.
BEISPIELMARKEN
Osborne Oloroso, Don Zoilo Oloroso

Palo Cortado
Eigenschaften: Eleganz eines Amontillado, Tiefe eines Oloroso. Selten und komplex.
BEISPIELMARKEN
Don Zoilo Palo Cortado,
Osborne Palo Cortado

Pedro Ximénez (PX)
Eigenschaften: Intensiv süß, mit Aromen von Rosinen, Feigen und Schokolade.
BEISPIELMARKEN
Osborne PX 1827, Sandeman PX

Cream Sherry
Eigenschaften: Süße Mischung aus Oloroso und PX. Reichhaltig, samtig.
BEISPIELMARKEN
Osborne Cream,
Sandeman Character Medium Dry

Moscatel
Eigenschaften: Intensiv süß, florale und fruchtige Aromen von Orangenblüten und Honig.
BEISPIELMARKEN
Osborne Moscatel, Sandeman Moscatel

FAZIT

Wermut, Aperitifweine, Portwein und Sherry bieten eine faszinierende Bandbreite an Geschmacksprofilen. Ob als Aperitif, in Cocktails oder pur – diese Weine bereichern die Bar- und Genusskultur. Marken wie Cinzano 1757, Carpano, Del Professore, Lillet, Osborne, Don Zoilo, Sandeman, Presidential und Ramos Pinto stehen für Tradition, Qualität und Vielfalt, die in jeder Bar ihren Platz haben.

Schaumweine

↓

Schaumweine sind weit mehr als nur prickelnde Getränke – sie stehen für Eleganz, Feierlichkeit und Genuss. Von Champagner über Prosecco und Sekt bis hin zu Cava und innovativen Alternativen wie Cremant oder Pet-Nat bieten sie eine beeindruckende Vielfalt an Stilen und Aromen. Dieses Kapitel beleuchtet die Besonderheiten und Vorschriften der wichtigsten Schaumweinkategorien und ihre Rolle in der modernen Barwelt.

Champagner: Die Ikone der Schaumweine

Herkunft und Geschichte

Champagner stammt aus der Champagne im Nordosten Frankreichs und ist weltweit der einzige Schaumwein, der diesen Namen tragen darf. Bereits im Mittelalter waren die stillen Weine der Region geschätzt, doch erst die Entdeckung der zweiten Gärung in der Flasche machte den Schaumwein weltberühmt. Persönlichkeiten wie Napoleon Bonaparte und Winston Churchill trugen durch ihre Vorliebe für Champagner zu seinem internationalen Ruhm bei.

Herstellung und Vorschriften

Die Herstellung erfolgt ausschließlich nach der Méthode Champenoise:

Assemblage: Grundweine aus Chardonnay, Pinot Noir und Pinot Meunier werden verschnitten.

Zweite Gärung: Durch die Zugabe von Zucker und Hefe entsteht Kohlensäure in der Flasche.

Reifung: Nicht-Jahrgangschampagner: Mindestens 15 Monate.
Jahrgangschampagner: Mindestens 36 Monate.

Dosage: Bestimmt den Süßegrad (z. B. Brut, Demi-Sec).

Typisches Aromaprofil

Chardonnay: Zitrusfrüchte, weiße Blüten, Mineralität.
Pinot Noir: Rote Beeren, Gewürze, Struktur.
Pinot Meunier: Reife Birnen, Aprikosen, Weichheit.

Reifearomen wie Brioche und geröstete Nüsse entstehen durch die Hefelagerung.

BEISPIELMARKEN

Taittinger: Elegant und mineralisch.
Mumm: Frisch und fruchtig.
Perrier-Jouët: Blumig und delikat.
Piper-Heidsieck: Kraftvoll und ausdrucksstark.

Verwendung in der Bar

French 75: Gin, Zitrone, Zuckersirup und Champagner.

Prince of Wales: Cognac, Cointreau, Angostura und Champagner.

Prosecco: Der fruchtige Italiener

Herkunft und Geschichte

Prosecco stammt aus den italienischen Regionen Venetien und Friaul-Julisch Venetien. Seit 2020 gibt es zusätzlich Prosecco Rosé, der mit einem kleinen Anteil Pinot Noir hergestellt wird.

Herstellung und Vorschriften

Prosecco wird nach der Charmat-Methode hergestellt, bei der die zweite Gärung in Drucktanks erfolgt. Dies bewahrt die fruchtigen und floralen Aromen der Hauptrebsorte Glera.

Prosecco DOC: Basisqualität

Prosecco Superiore DOCG: Höchste Qualitätsstufe, aus den Hügelregionen Conegliano-Valdobbiadene und Asolo.

Prosecco Rosé DOC: Mit Pinot Noir für zarte Beerenaromen und rosa Farbe.

Typisches Aromaprofil

Fruchtig: Grüner Apfel, Birne, Pfirsich.
Blumig: Akazienblüten, Holunder.
Leichte Süße: Honig, Mandeln.

BEISPIELMARKEN

Scavi & Ray: Zugänglich und fruchtig.
Ruggeri: Traditionell und elegant.

Verwendung in der Bar

Aperol Spritz: Aperol, Prosecco, Soda.

Bellini: Pfirsichpüree und Prosecco.

Cava: Spaniens Antwort auf Champagner

Herkunft und Geschichte

Cava stammt aus Katalonien und wird nach der traditionellen Methode hergestellt. Der Name „Cava" leitet sich vom spanischen Wort für „Keller" ab, da die Reifung in unterirdischen Kellern erfolgt.

Herstellung und Vorschriften

Rebsorten: Macabeo, Xarel·lo, Parellada, Chardonnay und Pinot Noir.

Reifung

Cava: Mindestens 9 Monate.
Reserva: Mindestens 15 Monate.
Gran Reserva: Mindestens 30 Monate.

Typisches Aromaprofil

Frische: Zitrusfrüchte, grüne Äpfel.
Nussige Noten: Mandeln, Hefenoten.
Florale Akzente: Weiße Blüten, Kräuter.

BEISPIELMARKE

Cortiu: Harmonisch und mineralisch.

Verwendung in der Bar

Agua de Valencia: Cava, Orangensaft, Gin und Wodka.

Deutscher Sekt: Regional und vielseitig

Herkunft und Geschichte

Deutscher Sekt wird häufig aus Riesling, Weißburgunder oder Spätburgunder hergestellt. Premium-Sekte tragen die Bezeichnung „Sekt b.A." und stammen aus bestimmten Anbaugebieten.

Herstellung und Vorschriften

Herstellung durch Tankgärung oder die traditionelle Methode.

Sekt b.A. darf nur aus deutschen Grundweinen hergestellt werden.

Typisches Aromaprofil

Riesling-Sekt: Zitrusfrüchte, Pfirsich, Apfel. Burgunder-Sekte: Cremig, mit Noten von Honig und Brioche.

BEISPIELMARKEN

Geldermann: Elegant mit feiner Brioche-Note.
Rotkäppchen: Fruchtig und leicht zugänglich.
Schloss Vaux: Hochwertige Sekte mit regionalem Charakter.

Alternativen: Cremant ...

Herkunft

Schaumwein aus anderen französischen Regionen, z. B. Elsass, Loire oder Burgund.

Herstellung

Nach der traditionellen Methode, mit neun Monaten Hefelagerung.

Typisches Aromaprofil

Regional geprägt, z. B. Chenin Blanc aus der Loire mit Noten von Birne und Honig.

... und Petillant Naturel (Pet-Nat)

Herstellung

Unvollständige erste Gärung in der Flasche, die zu einer natürlichen Kohlensäurebildung führt.

Charakteristik

Rustikal, unfiltriert, mit unkonventionellen Aromen.

FAZIT

Schaumweine bieten eine faszinierende Vielfalt und sind ein unverzichtbarer Bestandteil der modernen Barwelt. Während Champagner für Eleganz und Luxus steht, punkten Prosecco, Sekt und Cava mit Zugänglichkeit und individuellen Stilen. Marken wie Taittinger, Scavi & Ray, Geldermann und Cortiu zeigen die Vielfalt hochwertiger Schaumweine, die pur oder in Cocktails wie French 75 oder Aperol Spritz überzeugen. Schaumweine sind die perfekte Wahl für jeden Anlass – ob festlich oder entspannt.

Limonaden, Bitterlimonaden und Cola

↓

Limonaden, Bitterlimonaden und Cola-Getränke sind unverzichtbare Begleiter in der Bar. Sie fungieren als Mixer, die Cocktails den letzten Schliff verleihen, oder als eigenständige Erfrischungen. Ihre Herstellung, rechtlichen Rahmenbedingungen und Qualitätsmerkmale sind essenziell, um ein Produkt zu erhalten, das den Ansprüchen moderner Barkultur gerecht wird. Dieses Kapitel beleuchtet die Voraussetzungen für die Herstellung, gesetzliche Regelungen und spezifische Beispiele aus den Portfolios von Goldberg und Voelkel.

Grundlagen und Herstellungsvoraussetzungen

Die Herstellung von Limonaden, Bitterlimonaden und Cola folgt klaren Anforderungen, die sowohl die Produktqualität als auch die Verbraucherzufriedenheit sicherstellen:

Zutaten

Wasser: Die Basis eines jeden Getränks. Hochwertiges, gefiltertes Wasser sorgt für Reinheit und beeinflusst den Geschmack maßgeblich.

Zucker oder alternative Süßungsmittel: Der Süßungsgrad muss ausgewogen sein, um Aromen hervorzuheben, ohne die Komplexität zu überdecken.

Säuerungsmittel: Zitronensäure, Apfelsäure oder Milchsäure sorgen für Frische und Balance.

Bitterstoffe: Chinin (bei Bitterlimonaden), Enzianwurzel oder Bitterorange ergeben den charakteristischen herben Geschmack.

Aromen: Natürliche oder künstliche Aromen müssen den rechtlichen Vorgaben entsprechen und klar deklariert sein.

Karbonisierung

Kohlensäure verleiht Getränken ihre Spritzigkeit. Der Gehalt wird exakt dosiert, um die gewünschte Textur und Intensität zu erreichen.

Nachhaltigkeit

Marken wie Voelkel setzen auf ökologische Zutaten und nachhaltige Produktionsprozesse. Dies spricht besonders qualitätsbewusste Konsumenten an.

Gesetzliche Vorgaben

Die Herstellung und Vermarktung von Limonaden, Bitterlimonaden und Cola unterliegen strengen gesetzlichen Regelungen, die den Verbraucherschutz sicherstellen:

Chiningehalt: Der Chiningehalt in Bitterlimonaden wie Tonic Water ist auf maximal 85 mg/l begrenzt. Diese Grenze sorgt dafür, dass das Getränk sicher konsumiert werden kann. Chinin muss zudem auf der Zutatenliste ausgewiesen sein, da es für empfindliche Personen problematisch sein kann.

Koffeingehalt bei Cola: Der Koffeingehalt in Cola-Getränken darf maximal 320 mg/l betragen. Produkte mit mehr als 150 mg/l müssen den Hinweis tragen: „Erhöhter Koffeingehalt. Für Kinder und schwangere oder stillende Frauen nicht empfohlen."

Zuckergehalt: Es gibt keine spezifischen gesetzlichen Obergrenzen, jedoch muss der Zuckergehalt auf dem Etikett deklariert werden. Zudem gibt es Bestrebungen, den Zuckergehalt freiwillig zu reduzieren.

Kennzeichnungspflichten: Alle Zutaten, darunter Farbstoffe, Aromen und Süßungsmittel, müssen vollständig und transparent deklariert werden.

Farbstoffe und Warnhinweise: Bestimmte Farbstoffe erfordern Warnhinweise, beispielsweise wenn sie bei Kindern Aktivitäts- oder Konzentrationsprobleme fördern können.

Pfandsystem: In Deutschland unterliegen seit 2003 Einwegverpackungen dem Pfandsystem (einheitlich 0,25 € pro Flasche oder Dose), um Recycling und Umweltbewusstsein zu fördern.

Qualitätsmerkmale in der Bar

Premium-Produkte zeichnen sich durch folgende Merkmale aus:

Hoher Kohlensäuregehalt: Intensiver Kohlensäuregehalt verbessert die Frische und hebt Aromen hervor.

Natürlichkeit: Produkte mit natürlichen Säften und Aromen werden bevorzugt.

Ausgewogene Rezeptur: Ein harmonisches Verhältnis von Süße, Säure und gegebenenfalls Bitterkeit ist essenziell.

Auszüge aus den Portfolios von Goldberg und Voelkel

Goldberg – Perfekt abgestimmte Mixer für die Bar

Goldberg Premium Tonic Water: Mit hochwertigem Chinin und Zitrusnoten. Perfekt für klassische Highballs wie Gin & Tonic.

Goldberg Bitter Lemon: Die ausgeprägte Bitternote und spritzige Zitrusfrische ergänzen Wodka- oder Gin-basierte Cocktails.

Goldberg Premium Cola: Die subtile Zimtnote und der ausgewogene Koffeingehalt machen diese Cola zu einem idealen Mixer für Whiskey- oder Rum-Cocktails.

Voelkel – Bio-Qualität aus nachhaltiger Produktion:

Voelkel BioZisch Cola: Eine Bio-Cola mit natürlichem Koffein und Zutaten aus kontrolliert ökologischem Anbau.

Voelkel BioZisch Bitter Lemon: Eine erfrischende Bitterlimonade mit feiner Balance aus Süße und Bitterkeit.

Voelkel BioZisch Kräuter: Eine Kräuterlimonade mit einzigartigem Geschmacksprofil, die alkoholfreie und kreative Drinks bereichert.

Verwendung in der Bar

Limonaden, Bitterlimonaden und Cola sind in der Bar unverzichtbar:

Als Mixer: Sie sorgen für Frische, Süße und Tiefe in Cocktails.

Pur: Hochwertige Produkte bieten Gästen ein eigenständiges Geschmackserlebnis.

Alkoholfreie Alternativen: Mit hochwertigen Produkten lassen sich Mocktails aufwerten, die durch Kreativität und Geschmack überzeugen.

FAZIT

Limonaden, Bitterlimonaden und Cola sind weit mehr als nur einfache Softdrinks. Sie vereinen hochwertige Zutaten, präzise Herstellung und gesetzliche Vorgaben, die ihre Qualität garantieren. Marken wie Goldberg und Voelkel setzen Maßstäbe in der Branche und bieten Produkte, die sowohl pur als auch als Mixer höchsten Ansprüchen gerecht werden. Mit einem tiefen Verständnis für die gesetzlichen Rahmenbedingungen und die Vielfalt der Geschmacksprofile können Barkeeper Drinks kreieren, die Gäste nachhaltig beeindrucken.

Fruchtsäfte

↓

Fruchtsäfte sind unverzichtbare Zutaten in der Bar. Sie bieten Frische, Balance und geschmackliche Tiefe in Cocktails und Mocktails. Allerdings gibt es erhebliche Unterschiede in der Qualität der verfügbaren Produkte, die sich direkt auf das Ergebnis eines Drinks auswirken. Die Wahl zwischen Fruchtsaft, Fruchtsaft aus Konzentrat oder Fruchtnektar hat nicht nur geschmackliche, sondern auch wirtschaftliche Implikationen. Dieses Kapitel beleuchtet die verschiedenen Saftarten, ihre gesetzlichen Regelungen und warum es sich lohnt, auf hochwertige Produkte wie Direktsäfte, z. B. von Voelkel, zurückzugreifen – insbesondere, wenn das Budget es zulässt.

Arten von Fruchtsäften und ihre Qualitätsmerkmale

Fruchtsaft (Direktsaft)

Definition: Enthält 100 % Fruchtanteil, wird frisch gepresst und ohne Konzentration abgefüllt. Direktsäfte behalten die natürlichen Aromen und die Charakteristik der Frucht.

Qualitätsmerkmale: Intensiver Geschmack, hohe Frische und keine Zusätze wie Zucker oder Konservierungsstoffe.

Empfehlung: Direktsäfte, wie z. B. der Demeter-Orangensaft von Voelkel, bieten die beste Qualität und sind ideal für Cocktails, bei denen der Saft im Vordergrund steht, z. B. Mimosa oder Tequila Sunrise.

Fruchtsaft aus Konzentrat

Definition: Saft, dem Wasser entzogen wurde, um ihn zu konzentrieren, und dem später das ursprüngliche Wasser und Aroma wieder hinzugefügt werden.

Qualitätsmerkmale: Längere Haltbarkeit, aber oft weniger intensives Aroma und Frische im Vergleich zu Direktsäften.

Einsatzbereich: Für Bars mit hohem Verbrauch und einem Fokus auf Kosteneffizienz kann diese Option sinnvoll sein, allerdings leidet oft die Qualität.

Fruchtnektar

Definition: Eine Mischung aus Fruchtsaft (25–50 % je nach Frucht), Wasser und Zucker oder Süßstoffen.

Qualitätsmerkmale: Geringerer Fruchtanteil und höhere Süße. Wird oft für schwer entsaftbare Früchte wie Mango oder Maracuja verwendet.

Einsatzbereich: Geeignet für exotische Cocktails, bei denen der Fruchtgehalt weniger entscheidend ist.

Fruchtsaftgetränke

Definition: Getränke mit einem Fruchtanteil von unter 25 %, ergänzt durch Wasser, Zucker und weitere Zutaten.

Qualitätsmerkmale: Deutlich geringere Qualität, oft künstlich im Geschmack.

Einsatzbereich: Aufgrund der geringen Qualität nicht empfehlenswert für hochwertige Bararbeit.

Qualitätsunterschiede und ihre Bedeutung in der Bar

Die Qualität eines Fruchtsafts hat einen direkten Einfluss auf das Geschmackserlebnis eines Cocktails. Direktsäfte zeichnen sich durch eine intensive Aromenvielfalt und Frische aus, während Säfte aus Konzentrat oder Nektare oft schwächer im Geschmack sind. Die Unterschiede lassen sich in folgenden Punkten zusammenfassen:

Aroma und Frische: Direktsäfte bewahren die natürliche Fruchtigkeit, während Säfte aus Konzentrat oft einen flacheren Geschmack haben.

Zusätze: Direktsäfte sind frei von Zuckerzusätzen und Konservierungsstoffen, während Nektare und Fruchtsaftgetränke Zucker oder Süßstoffe enthalten können.

Nachhaltigkeit: Marken wie Voelkel bieten Bio-zertifizierte Direktsäfte, die aus ökologischem Anbau stammen und ohne den Einsatz von Pestiziden oder künstlichen Zusätzen hergestellt werden.

Unsere Empfehlung: Wenn das Budget es erlaubt, sollte auf Direktsäfte zurückgegriffen werden. Ein hochwertiger Saft wie der naturtrübe Apfelsaft oder der Cranberrysaft von Voelkel kann den Unterschied zwischen einem durchschnittlichen und einem außergewöhnlichen Drink ausmachen.

Gesetzliche Regelungen und Zuckerzusatz

Die Fruchtsaft- und Erfrischungsgetränkeverordnung (FrSaftErfrischGetrV) regelt die Herstellung und Deklaration von Fruchtsäften. Diese Standards stellen sicher, dass Verbraucher hochwertige Produkte erhalten:

Fruchtsaft

- Kein Zuckerzusatz erlaubt.
- Muss 100 % Fruchtanteil aufweisen.

Fruchtnektar

- Zuckerzusatz erlaubt, jedoch maximal bis zu 20 % des Gesamtgewichts.
- Mindestfruchtgehalt zwischen 25 und 50 %, abhängig von der Fruchtart.

Kennzeichnungspflicht

Fruchtanteil, Zusätze und die Herstellungsart (Direktsaft oder aus Konzentrat) müssen klar deklariert werden.

Zusätze

Konservierungsstoffe, künstliche Aromen und Farbstoffe sind in Fruchtsäften verboten.

Verwendung in der Bar

Hochwertige Fruchtsäfte sind ein Schlüsselelement in der Bar, da sie den Charakter und die Qualität eines Drinks maßgeblich beeinflussen. Beispiele für ihre Verwendung:

Cocktail-Basis: Direktsäfte bieten authentischen Geschmack und eignen sich perfekt für Klassiker wie den Sea Breeze (Cranberrysaft und Grapefruitsaft) oder den Screwdriver (Orangensaft und Wodka).

Mocktails: Alkoholfreie Kreationen profitieren besonders von der Intensität und Natürlichkeit hochwertiger Säfte. Ein Beispiel ist ein Mocktail aus naturtrübem Apfelsaft, Zitronensaft und Ingwerbier, der sowohl erfrischend als auch aromatisch ist.

Aromatische Balance: Ein gut ausgewählter Fruchtsaft kann die Aromen einer Spirituose hervorheben oder ausbalancieren. Beispielsweise ergänzt ein frischer Cranberrysaft die herb-frischen Noten eines Wodka-Mixers.

Nachhaltigkeit als Verkaufsargument: Biozertifizierte Direktsäfte von Anbietern wie Voelkel sind nicht nur qualitativ hochwertig, sondern sprechen auch ein umweltbewusstes Publikum an.

FAZIT

Fruchtsäfte sind mehr als nur Zutaten – sie prägen das Geschmackserlebnis eines Drinks. Die Wahl der richtigen Qualität ist entscheidend. Direktsäfte bieten authentische Aromen, eine natürliche Balance und ein nachhaltiges Profil. Unsere klare Empfehlung ist, auf Direktsäfte zurückzugreifen, wie sie beispielsweise von Voelkel angeboten werden, sofern das Budget es erlaubt. Sie heben die Qualität deiner Cocktails und Mocktails auf ein neues Niveau und hinterlassen einen bleibenden Eindruck bei deinen Gästen.

REZEPTE

Süß-saure Cocktails

↓

Um die perfekte süß-sauer-Balance in einem Cocktail zu erreichen, ist die Wahl der spezifischen süßen und sauren Komponenten entscheidend. Sowohl traditionelle als auch moderne Zutaten bieten eine breite Palette von Geschmacksprofilen, die sorgfältig aufeinander abgestimmt werden müssen. Hier geben wir einen umfassenden Überblick, wie du die Balance zwischen Süße und Säure in Cocktails optimieren kannst, unter Berücksichtigung der spezifischen Zitrusfruchtarten und ihrer einzigartigen Eigenschaften.

Süße Komponenten

Süße Zutaten sind entscheidend, um die Säure in einem Cocktail auszugleichen und Tiefe hinzuzufügen. Hier sind einige klassische und moderne Süßungsmethoden:

Zuckersirup: Der Standard in vielen Cocktails, hergestellt im Verhältnis 2:1 (Zucker zu Wasser = reichhaltiger Sirup). Aromatisierte Varianten wie Vanillesirup, Ingwersirup, Zimt- oder Kardamomsirup und Zitrussirup bieten zusätzliche Dimensionen.

Honig: Eine reichhaltige, natürliche Süße, die besonders gut in warmen oder kräftigen Cocktails funktioniert. Honigwasser (verdünnter Honig) ist leichter zu mischen und eignet sich für kalte Drinks.

Agavendicksaft: Ein natürlicher Süßstoff aus der Agavenpflanze, der eine tiefere, honigartige Süße bietet und besonders gut mit Tequila und Mezcal harmoniert.

Ahornsirup: Bietet eine reichhaltige, karamellisierte Süße, die hervorragend zu Whisky passt und Tiefe in Cocktails bringt.

Stevia: Ein kalorienfreier, pflanzlicher Süßstoff mit hoher Süßkraft. Er sollte sparsam verwendet werden, um einen bitteren Nachgeschmack zu vermeiden.

Kokosblütenzucker: Verleiht eine leichte Karamellnote und eine tiefere Süße. Ideal für Cocktails mit Rum oder Whisky.

Fruchtpürees und -konzentrate: Bringen intensive Fruchtaromen und Süße in den Cocktail, wie Himbeer-, Mango- oder Passionsfruchtpüree.

Shrubs: Diese sirupartigen Mischungen aus Obst, Zucker und Essig bieten eine komplexe süß-saure Komponente, die in modernen Cocktails verwendet wird.

Saure Komponenten

Saure Zutaten bringen Frische und Lebendigkeit in einen Cocktail und helfen, die Süße auszubalancieren. Die Wahl der spezifischen Zitrusfruchtart kann den Geschmack erheblich beeinflussen:

Zitronensaft: Ein wesentlicher Bestandteil vieler klassischer Cocktails. Er bietet eine klare, helle Säure und harmoniert gut mit vielen Spirituosen.

Limettensaft: Intensiver und herber als Zitronensaft, ideal für tropische Cocktails und solche mit Rum oder Tequila.

Grapefruitsaft: Bietet eine milde, bittersüße Säure, die besonders gut zu Tequila und Gin passt. Rosa Grapefruit bringt eine zusätzliche süße Note und Farbe in den Drink.

Essige: Shrubs oder mit Essig versetzte Sirupe bringen eine säuerliche Komplexität. Apfelessig ist eine häufige Wahl, die sowohl süß als auch sauer wirkt.

Verjus: Der Saft unreifer Trauben bietet eine mildere, subtilere Säure und bringt feine weinige Noten in den Cocktail, ideal für elegante und leichte Drinks.

Yuzu-Saft: Eine asiatische Zitrusfrucht mit einer einzigartigen Kombination aus Zitrusnoten und einem leicht blumigen, exotischen Charakter. Yuzu bringt eine komplexe Säure in Cocktails, die gut zu klaren Spirituosen wie Gin oder Wodka passt.

Kaffirlimettensaft: Bekannt für seine intensiv parfümierte Schale und scharfe Säure, wird Kaffirlimettensaft oft in Cocktails mit südostasiatischen Einflüssen verwendet.

Tamarindensaft: Bietet eine herbe, komplexe Säure, die in tropischen und würzigen Cocktails gut zur Geltung kommt, besonders in Kombination mit Rum und Tequila.

Bergamotte: Eine florale, leicht bittere Zitrusfrucht, die besonders in kreativen, botanischen Cocktails verwendet wird und eine raffinierte, exotische Note hinzufügt.

Amalfi-Zitronen: Diese Zitronen bieten eine intensivere Süße und geringere Säure im Vergleich zu gewöhnlichen Zitronen, was sie ideal für feine, elegante Cocktails macht.

Meyer-Zitronen: Eine Kreuzung zwischen Zitrone und Mandarine, die eine mildere Säure und einen süßeren, blumigeren Geschmack bietet.

Kombination und Balance

Die Kunst, einen perfekt balancierten Süß-Sauer-Cocktail zu kreieren, liegt in der sorgfältigen Kombination dieser süßen und sauren Komponenten. Hier sind einige Tipps zur Optimierung:

Verhältnis anpassen: Ein klassisches Mischverhältnis ist 5:3:2 (fünf Teile Spirituose, drei Teile sauer, zwei Teile süß). Je nach den verwendeten Zutaten und dem gewünschten Geschmack kann dieses Verhältnis angepasst werden.

Aromenprofil: Die süßen und sauren Komponenten sollten harmonisch zusammenwirken. Beispielsweise passt die exotische Säure von Yuzu-Saft hervorragend zu der milden Süße von Honig, während die bittersüße Note von Grapefruitsaft gut mit Agavendicksaft harmoniert.

Frische der Zutaten: Frisch gepresster Saft ist unerlässlich für lebendige und authentische Aromen. Abgefüllte Säfte verlieren oft an Frische und beeinträchtigen die Balance.

Textur und Mundgefühl: Dickere Süßungsmittel wie Ahornsirup oder Honig können die Textur eines Cocktails beeinflussen. Es ist wichtig, dies zu berücksichtigen und es möglicherweise mit zusätzlichen Säuren oder Verdünnungen auszugleichen, um das gewünschte Mundgefühl zu erreichen.

Probieren und anpassen: Regelmäßiges Verkosten während der Zubereitung ist entscheidend, um sicherzustellen, dass die Balance stimmt. Ein paar Tropfen mehr Zitronensaft oder eine kleine Menge zusätzlicher Sirup können den Unterschied ausmachen.

Worauf ist zu achten?

Überdosierung vermeiden: Zu viel Süße kann einen Cocktail schwer und klebrig machen, während zu viel Säure ihn scharf und unangenehm macht. Eine sorgfältige Dosierung ist entscheidend, um die richtige Balance zu finden.

Spirituosenwahl berücksichtigen: Die gewählte Spirituose beeinflusst stark, wie die süßen und sauren Komponenten wahrgenommen werden. Stärkere Spirituosen wie Whisky benötigen oft mehr Süße, während leichtere Spirituosen wie Gin subtilere Süße und Säure bevorzugen.

Aromatische Ergänzungen: Garnituren wie Zitronen- oder Limettenzesten, kandierte Früchte oder essbare Blüten können die optische Attraktivität und das Geschmacksprofil des Cocktails abrunden.

FAZIT

Durch die sorgfältige Auswahl und Kombination von süßen und sauren Komponenten, einschließlich moderner Zutaten wie Yuzu, Bergamotte und Grapefruit, kannst du die Balance in einem Cocktail auf ein neues Niveau heben und außergewöhnliche Geschmackserlebnisse schaffen. Indem du die spezifischen Eigenschaften jeder Zutat verstehst und gezielt einsetzt, wird der Cocktail sowohl geschmacklich ausgewogen als auch komplex und faszinierend.

SÜSS-SAURE COCKTAILS

WHISKEY SOUR

GLAS
Tumbler
TECHNIK
Shake & strain
GARNITUR
Zitronenzeste, Fabbri Amarenakirsche

ZUTATEN
5 cl Maker's Mark Kentucky Straight Bourbon
3 cl Voelkel Zitronensaft
2 cl John's Natural Cordial Rohrzucker
2 ds Fee Brothers Fee Foam

TOKI SOUR

GLAS
Tumbler
TECHNIK
Shake & strain
GARNITUR
Pflaume

ZUTATEN
5 cl Suntory Toki Blended Whisky
3 cl Yuzu-Saft (ggf. Zitronensaft)
2 cl John's Natural Cordial Rohrzucker
2 ds Fee Brothers Fee Foam
2 cl float Ume shu

BAVARIAN CONTINENTAL SOUR

GLAS
Tumbler
TECHNIK
Shake & strain
GARNITUR
Birne, Blüte

ZUTATEN
5 cl Slyrs Single Malt
3 cl Voelkel Zitronensaft
2 cl John's Natural Cordial Rohrzucker
2 ds Fee Brothers Fee Foam
Float on Top Portwein-Birnen-Espuma

STORY ZUM SOUR

Laut David Wondrich wurde der Sour als Drink erstmalig 1856 im nördlichen Toronto erwähnt. Zwei Jahre später muss die Kategorie der Sours so bekannt gewesen sein, dass die New York Times im Oktober 1858 schon über einen Sour – damals den Brandy Sour – berichtete. Im Jahr 1862 erreichte die Popularität des Drinks ein neues Level, denn Jerry Thomas veröffentlicht seine berühmte Rezeptsammlung unter dem Titel „Bartenders Guide – how to mix drinks" und Sours stellten eine eigene Kategorie dar.

↓

Bavarian Continental Sour, Toki Sour

Whiskey Sour

↓

Black Amarena Sour

Mezcal Sour

BLACK AMARENA SOUR

GLAS
Tumbler
TECHNIK
Shake & strain
GARNITUR
Zuckerwatte, Orange, Fabbri Amarenakirsche

ZUTATEN
5 cl Laphroaig Single Malt Whisky 10 years old
3 cl Voelkel Zitronensaft
1 cl Fabbri Gum Nero
1 cl Fabbri Mixybar Amarena Wild Cherry
2 ds Fee Brothers Fee Foam

PISCO SOUR

GLAS
Tumbler
TECHNIK
Shake & strain
GARNITUR
Limette, Fabbri Amarenakirsche

ZUTATEN
5 cl Viñas de Oro Pisco Puro
3 cl Voelkel Limettensaft
2 cl John's Natural Cordial Rohrzucker
2 ds Fee Brothers Fee Foam

MEZCAL SOUR

GLAS
Tumbler
TECHNIK
Shake & strain
GARNITUR
Zitronenzeste, Fabbri Amarenakirsche

ZUTATEN
5 cl San Cosme Mezcal Blanco
3 cl Voelkel Zitronensaft
2 cl John's Natural Cordial Birne
2 ds Fee Brothers Fee Foam

STORY ZUM EIWEISS

Das erste Mal verarbeitet Robert Vermeire in London in seinem 1922 erschienenen Buch „Cocktails: How to mix them“ Eiweiß in einem (Whiskey) Sour. Mit dieser europäischen Variation, die auch auf der anderen Seite des Atlantiks während und nach der Prohibition schnell Anklang findet, entsteht ein neuer Sourstil. Ab dieser Zeit entstehen einige Sours nur mit Eiweiß. Was den Whiskey Sour anbelangt, so sollte man es jedem Gast überlassen, ob Eiweiß gewünscht ist oder nicht.

CAIPIRINHA ORIGINAL

GLAS
Tumbler
TECHNIK
Shake & strain
GARNITUR
Limette

ZUTATEN
1 Limette muddeln
1–3 BL John's Natural Cordial Rohrzucker Sirup
5 cl Cachaça Cappucana

TI-PUNCH

GLAS
Tumbler
TECHNIK
Build & stir
GARNITUR
Limette

ZUTATEN
5 cl Clement Blanc Rhum Agricole
1 Limette
2 BL John's Natural Cordial Rohrzucker Sirup

CANCHÁNCHARA

GLAS
Tonkrug
TECHNIK
Build & stir

ZUTATEN
5 cl Havana Club Añejo 7 Años
3 cl Voelkel Limettensaft
2 cl John's Natural Cordial Honig

DAIQUIRI

GLAS
Cocktailschale
TECHNIK
Shake & fine strain

ZUTATEN
5 cl Havana Club Original Añejo 3 Años
3 cl Voelkel Limettensaft
2 cl John's Natural Cordial Rohrzucker

↓

Caipirinha Original

↓ Hemingway Daiquiri

↓ Frozen Raspberry Daiquiri
Margarita

HEMINGWAY DAIQUIRI

GLAS

Cocktailschale

TECHNIK

Shake & fine strain

GARNITUR

Pink Grapefruit, Kirsche

ZUTATEN

5 cl Havana Club Original Añejo 3 Años
3 cl Voelkel Limettensaft
2 cl John's Natural Cordial Rohrzucker
2 cl Bols Maraschino Liqueur
3 cl Voelkel Pink Grapefruitsaft

FROZEN RASPBERRY DAIQUIRI

GLAS

Cocktailschale

TECHNIK

Blend

GARNITUR

Himbeere

ZUTATEN

5 cl Havana Club Original Añejo 3 Años
3 cl Voelkel Limettensaft
3 cl Fabbri Mixyfruit Raspberry

MARGARITA

GLAS

Cocktailschale

TECHNIK

Shake & fine strain

GARNITUR

Salzrand

ZUTATEN

5 cl Jose Cuervo Tradicional Silver Tequila
2 cl Voelkel Limettensaft
2 cl Bols Triple Sec Liqueur

SPICY CHOCOLATE MARGARITA

GLAS

Cocktailschale

TECHNIK

Shake & fine strain

GARNITUR

Schokoladenrand mit Orangen, Chili, Salz

ZUTATEN

5 cl Corralejo Tequila Añejo
3 cl Voelkel Limettensaft
2 cl Fabbri Mixybar Chocolate
1 cl Ancho Reyes Chili Liqueur

PINK FLAMINGO MARGARITA

GLAS
Cocktailschale
TECHNIK
Shake & fine strain
GARNITUR
aufgeschlagene Salzwasser-Wolke

ZUTATEN
5 cl Corralejo Tequila Añejo
3 cl Voelkel Limettensaft
3 cl Bols Pink Grapefruit Liqueur
1 cl Salzlösung

GIMLET

GLAS
Nick & Nora
TECHNIK
Stir

ZUTATEN
3 cl Gin
3 cl John's Natural Cordial Lime Juice
1 ds Voelkel Limettensaft

STORIES ZU CORDIAL UND GIMLET

Noch bis ins 18. Jahrhundert starben mehr Seeleute an Skorbut als durch Kampfhandlungen. Zur Prävention nahmen sie Zitrussäfte mit an Bord, was ihnen den Spitznamen „Limeys" einbrachte. 1867 patentierte Lauchlin Rose den ersten Lime Cordial in Schottland. „Cordial" stand damals für einen süßen Heiltrank. Heute ist Cordial eine Mischung aus Sirup und Saft. Die British Navy führte so Limettensaft auf langen Seereisen ein.

Namenspate des Gimlet ist Sir Thomas Desmond Gimlette, Konteradmiral der Royal Navy. Er trat 1879 bei und trank Lime Cordial mit Gin. Die ersten Gimlets wurden Ende des 19. Jahrhunderts auf britischen Schiffen getrunken. In „Harry's ABC of Mixing Cocktails" von Harry McElhone erschien der Gimlet erstmals in den 1920ern.

↓

Pink Flamingo Margarita

Gimlet

↓ Gin Basil Smash

↓ Tomaten Thymian Smash

RUMLET

GLAS
Nick & Nora
TECHNIK
Stir
GARNITUR
Ananas

ZUTATEN
4 cl Plantation Pineapple
3 cl selbst gemachter Mango-Limetten-Cordial
2 ds Voelkel Limettensaft

GIN BASIL SMASH

GLAS
Tumbler
TECHNIK
Shake & fine strain
GARNITUR
Basilikum

ZUTATEN
5 cl Hayman's London Dry Gin
3 cl Voelkel Zitronensaft
2 cl John's Natural Cordial Rohrzucker
3 Zweige Basilikum
Float on Top Sellerie-Basilikum-Espuma (optional)

TOMATEN THYMIAN SMASH

GLAS
Tumbler
TECHNIK
Shake & fine strain
GARNITUR
Cracker, Cherry Tomate, Basilikum Creme

ZUTATEN
5 cl Malfy Gin Originale
3 cl Voelkel Zitronensaft
2 cl John's Natural Cordial Rohrzucker
3–4 Cherry-Tomaten
5–6 Blätter Thymian

STORY ZUM GIN BASIL SMASH

Der erste „Basil Smash" wurde 2008 in der Ulmer Bar „Blaupause" von Hariolf Sproll entwickelt. Vom Whiskey Smash ausgehend ersetzte man Minze durch Basilikum und fand mit Gin die passende Spirituose. Anfang Juli entstand in der Hamburger Bar „Le Lion" ein ähnlicher Drink. Jörg Meyer ließ sich von Whiskey Smashes auf einer USA-Reise von einem Cocktail mit Basilikum-Garnitur inspirieren. Meyer veröffentlichte das Rezept im Bitters-Blog und ließ offen, ob der Drink „Gin Basil Smash" oder „Gin Pesto" heißen sollte.

CARROT MARTINI

GLAS
Nick & Nora
TECHNIK
Shake & fine strain
GARNITUR
Karottenzeste

ZUTATEN
4 cl Sipsmith London Dry Gin
2 cl Zimtlikör
1,5 cl John's Natural Cordial Haselnuss
3 cl Voelkel Karottensaft
2 cl Voelkel Zitronensaft

BLUEBERRY BOMB

GLAS
Tumbler
TECHNIK
Shake & fine strain
GARNITUR
Blaubeeren, Goldstaub

ZUTATEN
5 cl Slyrs Rye Whisky
3 cl Voelkel Zitronensaft
2 cl John's Natural Cordial Rohrzucker
7–9 frische Blaubeeren
2 ds Fee Brothers Fee Foam (optional)

B'N'B SMASH

GLAS
Tumbler
TECHNIK
Shake & fine strain
GARNITUR
Rote-Bete-Rose, Goldstaub

ZUTATEN
5 cl San Cosme Mezcal
4 cl Voelkel Rote-Bete-Saft
2 cl selbst gemachter Thymiansirup
1 cl Voelkel Limettensaft
5 frische Brombeeren

BOURBON MINT SMASH

GLAS
Tumbler
TECHNIK
Shake & fine strain
GARNITUR
Minze

ZUTATEN
5 cl Maker's Mark Kentucky Straight Bourbon
3 cl Voelkel Zitronensaft
2 cl John's Natural Cordial Rohrzucker
3 Zweige Minze

↓

B'N'B Smash

↓

Blueberry Bomb

Carrot Martini

↓

Aviation

↓

Last Word

AVIATION

GLAS
Coupette
TECHNIK
Shake & fine strain
GARNITUR
Bubble

ZUTATEN
5 cl Citadelle Gin
3 cl Voelkel Zitronensaft
1,5 cl Bols Maraschino Liqueur
1 BL Creme de Violette

LAST WORD

GLAS
Nick & Nora
TECHNIK
Shake & fine strain
GARNITUR
Limette, Maraschinokirsche

ZUTATEN
2 cl Hayman's London Dry Gin
2 cl Voelkel Limettensaft
2 cl Chartreuse Verte
2 cl Bols Maraschino Liqueur

WHITE LADY

GLAS
Nick & Nora
TECHNIK
Shake & fine strain
GARNITUR
Schleierkraut, Blüte

ZUTATEN
5 cl Sipsmith London Dry Gin
3 cl Voelkel Zitronensaft
2 cl Bols Triple Sec Liqueur
2 ds Fee Brother Fee Foam

DAISY

GLAS
Cocktailschale
TECHNIK
Shake & fine strain

ZUTATEN
5 cl Botanist Gin
3 cl Voelkel Zitronensaft
2 cl Bols Grenadine
1 cl Chartreuse gelb
2 ds Fee Brothers Fee Foam

GIN FIZZ

GLAS
Longdrink
TECHNIK
Shake & fill up
GARNITUR
Zitrone, Fabbri Amarenakirsche

ZUTATEN
5 cl Sipsmith London Dry Gin
3 cl Voelkel Zitronensaft
2 cl John's Natural Cordial Rohrzucker
Fill up Goldberg Soda Water

TOM COLLINS

GLAS
Longdrink
TECHNIK
Build & stir in glass
GARNITUR
Zitrone, Fabbri Amarenakirsche

ZUTATEN
4 cl Hayman's Old Tom Gin
2 cl Voelkel Zitronensaft
1 cl John's Natural Cordial Rohrzucker
Fill up Goldberg Soda Water

RAMOS FIZZ

GLAS
Longdrink
TECHNIK
Shake & strain
GARNITUR
Zitrone

ZUTATEN
5 cl Mermaid Gin
1,5 cl Voelkel Zitronensaft
1,5 cl Voelkel Limettensaft
2 cl John's Natural Cordial Rohrzucker
2 cl süße Sahne
1 Eiweiß
3 ds Orangenblütenwasser

MOJITO

GLAS
Longdrink
TECHNIK
Build & stir
GARNITUR
Minze

ZUTATEN
2–3 Zweige Minze
5 cl Havana Club Original Añejo 3 Años
3 cl Voelkel Limettensaft
2 cl John's Natural Cordial Rohrzucker
Fill up Goldberg Soda Water

↓

Mojito

Gin Fizz, Tom Collins

Bitters

↓

Angostura Bitters, oft als Aromatic Bitters bezeichnet, ist der bekannteste und am weitesten verbreitete Bitter in der Cocktailwelt. Angostura Aromatic Bitters ist bekannt für seine kräftige, würzige Bitterkeit mit intensiven Noten von Zimt, Nelken und Kardamom. Dieses klassische Geschmacksprofil ist heute in vielen Cocktails wie dem Old Fashioned oder dem Manhattan unverzichtbar. Angostura Bitters ist in der Lage, die Süße in einem Cocktail auszugleichen und gleichzeitig Aromenkomplexität hinzuzufügen, ohne dabei zu dominant zu sein.

Viele andere Bitter-Hersteller haben ebenfalls Aromatic Bitters im Sortiment, die sich an Angostura orientieren. Marken wie The Bitter Truth und Fee Brothers haben ihre eigenen Varianten von Aromatic Bitters auf den Markt gebracht, die oft eine ähnliche Würze und Bitterkeit bieten, jedoch manchmal subtilere Geschmacksnuancen hinzufügen, wie etwa Zitrus oder Vanille. Diese Alternativen erweitern die Möglichkeiten für Bartender, Bitters mit feinen Variationen an den jeweiligen Cocktail anzupassen.

Weitere Bitters und deren Verwendung

Neben Aromatic Bitters gibt es zahlreiche andere Arten von Bitters, die speziell darauf ausgelegt sind, die Bitter-Süß-Balance in Cocktails zu verfeinern. Einige moderne und aromatisierte Bitters bieten sehr spezifische Geschmacksrichtungen, um Cocktails einen besonderen Twist zu verleihen.

Grapefruit Bitters: Diese Bitters bieten eine frische, zitrusartige Bitterkeit, ideal für Gin oder Tequila-basierte Cocktails. Sie eignen sich besonders gut für Drinks, die eine fruchtige Bitterkomponente benötigen, wie ein Grapefruit Negroni.

Chocolate Bitters: Diese bieten eine dunkle, reichhaltige Bitterkeit und werden oft in Cocktails mit Rum, Tequila oder Whiskey verwendet. Sie fügen Cocktails wie einem Chocolate Old Fashioned oder einem Mexican Coffee eine komplexe Kakaonote hinzu.

Celery Bitters: Diese Bitters haben eine leicht krautige, bittere Note und eignen sich hervorragend für salzige oder pikante Cocktails wie den Bloody Mary oder andere herzhafte Drinks. The Bitter Truth und Fee Brothers bieten beliebte Versionen an.

Walnut Bitters: Mit einer nussigen, holzigen Bitterkeit bringen diese Bitters erdige Aromen in Cocktails. Sie passen besonders gut zu Bourbon und Rum in Cocktails wie dem Black Walnut Old Fashioned.

Spezialitäten und fruchtige Bitters

Moderne Bitters bieten auch fruchtige und aromatische Varianten, die das Bitter-Süß-Spiel auf eine andere Ebene heben:

Peach Bitters: Sie fügen eine subtile, fruchtige Süße hinzu, die gut mit Whiskey oder Brandy harmoniert. Fee Brothers Peach Bitters und The Bitter Truth Peach Bitters werden häufig in Cocktails wie dem Peach Old Fashioned verwendet.

Rhubarb Bitters: Diese bieten eine bittersaure Komponente, die ideal für Cocktails mit Gin oder Wodka ist. Sie bringen eine interessante Balance aus fruchtiger Säure und Bitterkeit in Drinks wie einen Rhubarb Gin Fizz.

Cherry Bitters: Mit einer intensiven Kirschnote und bittersüßem Charakter passen sie besonders gut zu Bourbon, Brandy und Rum in Cocktails wie dem Cherry Manhattan.

Kräuter- und Gewürzbitters

Neben fruchtigen Varianten gibt es auch Bitters, die auf speziellen Kräutern und Gewürzen basieren, um Drinks Tiefe und Komplexität zu verleihen:

Lavender Bitters: Diese bieten eine blumige, leicht bittere Note, welche gut zu Gin- oder Wodka-Cocktails passt. Sie fügen in Cocktails wie dem Lavender Collins oder einem Gin Sour einen feinen, floralen Geschmack hinzu.

Cucumber Bitters: Diese Bitters sind leicht, frisch und perfekt für Sommerdrinks. Sie bringen eine erfrischende Bitterkeit in Cocktails wie einem Cucumber Gin & Tonic.

Spiced Bitters (Pimento): Mit intensiven, warmen Noten von Piment, Zimt und Nelken fügen sie Wintercocktails oder solchen mit dunklen Spirituosen wie Rum oder Bourbon eine tiefe, würzige Bitterkeit hinzu.

Cardamom Bitters: Diese exotischen, würzigen Bitters passen gut zu Tequila, Gin oder Rum. Sie bringen eine leicht scharfe, krautige Bitterkeit in Cocktails wie dem Cardamom Margarita oder einem Spiced Daiquiri.

Kombination von Bitters

Die Vielfalt der verfügbaren Bitters ermöglicht es Bartendern, in einem einzigen Cocktail mehrere Bitters zu kombinieren, um die Aromenkomplexität zu erhöhen. Hier einige Beispiele:

Orange Bitters kombiniert mit Chocolate Bitters können einem Rum Old Fashioned eine zusätzliche Tiefe verleihen, indem die fruchtige Süße der Orange mit der dunklen Bitterkeit der Schokolade harmoniert.

Grapefruit Bitters und Angostura Bitters in einem Negroni fügen zusätzliche Bitter- und Fruchtkomponenten hinzu, die den klassischen Drink abrunden.

Lavender Bitters in Kombination mit Celery Bitters können Gin-basierte Cocktails wie den Tom Collins verfeinern, indem sie eine blumige und gleichzeitig frische Kräuternote hinzufügen.

BITTER-SÜẞE COCKTAILS

GOLDEN NEGRONI

GLAS
Tumbler
TECHNIK
Build & stir
GARNITUR
Orangenzeste

ZUTATEN
3 cl Gin Gold 999.9
3 cl Bitter Ernst
3 cl Süßer Wermut

OLD FASHIONED

GLAS
Tumbler
TECHNIK
Build & stir
GARNITUR
Zitronenzeste, Fabbri Amarenakirsche

ZUTATEN
1 Würfel Zucker
3 ds Angostura Bitter
1 splash Goldberg Soda Water
6 cl Maker's Mark Kentucky Straight Bourbon

STORY ZUM OLD FASHIONED

Die Definition eines „Cocktail" im ursprünglichen amerikanischen Sinne war: Spirituose, Zucker, Wasser und Bitters. Das war im Jahr 1806, der Begriff Cocktail kam frisch aus England und sein bekanntester Vertreter wurde der Whiskey Cocktail, der 1862 in Jerry Thomas' „Bartenders Guide" beschrieben wurde.
Im Laufe der Jahre kamen immer mehr europäische Liköre nach Amerika, der Whiskey Cocktail wandelte sich. Man wollte statt der neumodischen Zusätze lieber den altmodischen, also „old-fashioned" Cocktail trinken. Das wird im Jahr 1883 in einem Zeitungsartikel erwähnt, mit dem Hinweis, dass der Old Fashioned noch immer in Mode sei.

↓

Golden Negroni

↓

Old Fashioned – Four Seasons

SPRING FASHIONED

GLAS
Tumbler
TECHNIK
Build & stir
GARNITUR
Schleierkraut, Blüte

ZUTATEN
1 cl John's Natural Cordial Holunderblüte
3 ds Fee Brothers Grapefruit Bitters
6 cl Monkey 47 Dry Gin

SUMMER FASHIONED

GLAS
Tumbler
TECHNIK
Build & stir
GARNITUR
Mango

ZUTATEN
1 cl Fabbri Mixybar Mango
3 ds Fee Brothers Peach Bitters
6 cl Don Papa Rum

AUTUMN FASHIONED

GLAS
Tumbler
TECHNIK
Build & stir
GARNITUR
Pflaume, Zimtstange

ZUTATEN
1 cl Fabbri Mixybar Cinnamon
3 ds Fee Brothers Plum Bitters
6 cl Knob Creek Rye Whiskey

WINTER FASHIONED

GLAS
Tumbler
TECHNIK
Build & stir
GARNITUR
Orange, Schokolade, Orangenmarmelade

ZUTATEN
1 cl Fabbri Mixybar Chocolate
3 ds Fee Brothers Orange Bitters
6 cl Plantation Original Dark

SAZERAC

GLAS
Tumbler
TECHNIK
Build & stir
GARNITUR
Zitronenzeste

ZUTATEN
Glas mit Absinth avinieren
1 cl John's Natural Cordial Rohrzucker
3 ds Peychaud's Bitter / Creole Bitter
6 cl Cognac PIERRE FERRAND 1840 Original Formula

VIEUX CARRE

GLAS
V-Shape
TECHNIK
Stir
GARNITUR
Orangenzeste

ZUTATEN
3 cl Knob Rye Whiskey
3 cl Cognac PIERRE FERRAND 1840 Original Formula
3 cl Carpano Antica Formula
0,5 cl D.O.M. Benedictine
2 ds Fee Brothers Aromatic Bitters
2 ds Peychaud's Bitter

STORY ZUM SAZERAC

John B. Schiller war in New Orleans der Vertreter der Weinbrandmarke Sazerac-de-Forge & Fils. 1859 eröffnete er das Sazerac Coffee House. 1870 übernahm Thomas H. Handy das Geschäft und benannte es in Sazerac House um. 1919 kaufte Christopher O'Reilly das Geschäft und nannte es Sazerac Company, die bereits Peychaud's Bitters vertrieb.

In den 1890er-Jahren begannen Firmen, Cocktails abgefüllt in Flaschen zu verkaufen. Die Sazerac Company brachte ebenfalls verschiedene Cocktails auf den Markt, darunter Whiskey Cocktail, Manhattan, Tom Gin und Vermouth Cocktail, die unter dem Namen „Sazerac Cocktails" verkauft wurden. Erst nach der Prohibition, 1933, wurde der Sazerac Cocktail, nun auch mit Cognac zubereitet, als abgefüllter Cocktail verkauft.

↓

Sazerac

↓

Dirty Martini 2.0

Dry Martini

DRY MARTINI

GLAS
V-Shape
TECHNIK
Stir
GARNITUR
Olive / Zitronenzeste

ZUTATEN
3 ds Carpano Wermut Dry
6 cl Sipsmith London Dry Gin

DIRTY MARTINI 2.0

GLAS
V-Shape
TECHNIK
Stir
GARNITUR
Zitronenzeste

ZUTATEN
3 ds Carpano Wermut Dry
6 cl Hayman's London Dry Gin
Float on Top Olive-Bergamotte-Espuma

STORY ZUM DRY MARTINI

Die erste Erwähnung eines Martini Cocktails findet man in Harry Johnsons „Bartender's Manual" von 1888. Damals wurde der Martini mit Bitters, Zucker (Gum Syrup) und italienischem, süßem Vermouth zubereitet. „Martini & Rossi" wurde 1863 im Piemont hergestellt und entwickelte sich schnell zu einer der beliebtesten Wermut-Marken weltweit, die ab 1880 exportiert wurde. Johnson könnte so überzeugt gewesen sein, dass er den Drink „Martini Cocktail" taufte.

MARTINEZ

GLAS
V-Shape
TECHNIK
Stir
GARNITUR
Fabbri Amarenakirsche, Zitronenzeste

ZUTATEN
6 cl Hayman's Old Tom Gin
3 cl Carpano Antica Formula
0,75 cl Bols Maraschino Liqueur
2 ds Aromatic Bitter

VESPER

GLAS
V-Shape
TECHNIK
Stir
GARNITUR
Zitronenzeste

ZUTATEN
6 cl Beefeater 24 London Dry Gin
1 cl Lillet Blanc
2 cl 9 Mile Vodka

ESPRESSO MARTINI

GLAS
Coupe
TECHNIK
Shake & strain
GARNITUR
3 Espressobohnen

ZUTATEN
5 cl 9 Mile Vodka
1 cl John's Natural Cordial Rohrzucker
1,5 cl Kahlua Coffee Liqueur
Einfacher Espresso

HAYNES ESPRESSO MARTINI

GLAS
Coupe
TECHNIK
Shake & strain
GARNITUR
3 Espressobohnen

ZUTATEN
5 cl Haynes finest Caribbean Rum
1 cl John's Natural Cordial Rohrzucker
1,5 cl Kahlua
Einfacher Espresso

STORY ZUM ESPRESSO MARTINI

Die Entstehung des Espresso Martinis wird dem britischen Barkeeper Dick Bradsell zugeschrieben. In den späten 1980er-Jahren kam eine berühmte Schauspielerin (oft wird Naomi Campbell genannt) in seine Bar und bat um einen Cocktail, der sie wach hält und betrunken macht. Bradsell kreierte daraufhin den Espresso Martini, eine Mischung aus Wodka, Kaffeelikör und Espresso. Das Getränk vereint die Bitterkeit des Kaffees, die Süße des Likörs und die Würze des Wodkas und wird aufgrund seiner Kombination aus Koffein und Alkohol oft als „Pick-me-up" genossen.

↓

Espresso Martini

Haynes Espresso Martini

↓ Manhattan

↓ Ernsthattan

MANHATTAN

GLAS
Coupe
TECHNIK
Stir
GARNITUR
Fabbri Amarenakirsche

ZUTATEN
4 cl Knob Creek Rye Whiskey
2 cl Wermut Antica Formula
1 ds Angostura Bitter

ERNSTHATTAN

GLAS
Coupe
TECHNIK
Stir
GARNITUR
Schokolade, Fabbri Amarenakirsche

ZUTATEN
3 cl Knob Creek Rye Whiskey
3 cl Bitter Ernst
1 ds Angostura Bitter

STORY ZUM MANHATTAN

Der Manhattan Cocktail wird erstmals 1882 in einem Zeitungsartikel erwähnt. Zu seiner Entstehung gibt es viele Legenden. Die wahrscheinlichste Version besagt, dass George Black, Inhaber des „Manhattan Inn“ am Broadway, den Cocktail entwickelte. Er verstarb 1881 und es ist unklar, ob die Bezeichnung von ihm oder einem anderen Bartender stammte. Wahrscheinlich tauschte man sich in der Szene über diese Neuheit aus, in der Whiskey und Wermut kombiniert wurden.

CHI-CHO

GLAS
kleines Weinglas
TECHNIK
Stir
GARNITUR
Bitterschokolade, Chilifäden

ZUTATEN
5 cl Havana Cub Añejo 7 Años
2 cl Antica Formula
1 cl Fabbri Mixybar Chocolate
Frische Jalapeno-Chili

NEGRONI

GLAS
Tumbler
TECHNIK
Build & stir in glass
GARNITUR
Orangenzeste

ZUTATEN
3 cl Sipsmith London Dry Gin
3 cl Campari
3 cl Wermut Carpano Antica Formula

STRAWBERRY NEGRONI

GLAS
Tumbler
TECHNIK
Build & stir in glass
GARNITUR
Orangenzeste

ZUTATEN
3 cl Mermaid Pink Gin
3 cl Campari (oder für die goldene Variante mit Bitter Ernst)
3 cl Wermut Carpano Antica Formula

STORY ZUM NEGRONI

Ein Aperitif-Klassiker aus dem Land der Aperitif-Kultur: Italien. Der Graf Camille Negroni trank gerne regelmäßig mehrere Aperitivi im Caffé Casoni in Florenz. Ein Aperitif wurde zu dieser Zeit in kleinen italienischen Weingläsern von 30–50 ml ausgeschenkt. Eines Tages im Jahr 1919 bat Signore Negroni den Barmann Fosco Scarselli seinen „solito (üblichen) Aperitivo“ zu verstärken. Es war ein Americano, dem vom Barmann ein paar Tropfen Gin hinzugegeben wurden. Von da an bestellte der Graf immer „das Übliche“ und andere Gäste taten es ihm gleich, bis der Drink irgendwann nach ihm benannt wurde. Er symbolisiert italienische Eleganz und die Kunst, einfache Zutaten zu einem zeitlosen Getränk zu kombinieren. Die Balance zwischen der Bitternote des Campari, der Süße des Wermuts und der Kräuternote des Gins macht den Negroni zu einem ausgewogenen und doch komplexen Drink.

↓

Strawberry Negroni

↓

Negroni

↓

Americano, Spagliato 2.0
Spagliato

BOULEVARDIER

GLAS
Tumbler
TECHNIK
Build & stir in glass
GARNITUR
Orangenzeste

ZUTATEN
3 cl Maker's Mark Kentucky Straight Bourbon
3 cl Campari
3 cl Carpano Classico

AMERICANO

GLAS
Tumbler
TECHNIK
Build & stir in glass
GARNITUR
Orangenzeste

ZUTATEN
3 cl Campari
3 cl Carpano Classico
3 cl Goldberg Soda Water

SPAGLIATO

GLAS
Weinglas
TECHNIK
Build & stir in glass
GARNITUR
Orange

ZUTATEN
3 cl Campari
3 cl Carpano Classico
3 cl Scavi & Ray Prosecco

SPAGLIATO 2.0

GLAS
Weinglas
TECHNIK
Build & stir in glass
GARNITUR
Orange

ZUTATEN
3 cl Campari
3 cl Carpano Classico
3 cl Wasser, still
1 Blatt Gelatine
3 cl Scavi & Ray Prosecco

Cremig-süße Cocktails

↓

Cremig-süße Cocktails zeichnen sich durch reichhaltige, cremige Texturen und eine ausgeprägte Süße aus. Diese Drinks sind oft dekadent und vollmundig, mit Zutaten wie Sahne, Kokosmilch oder Eiern, die eine samtige, cremige Konsistenz erzeugen. Die Süße kommt meist von Sirupen oder Likören, die den cremigen Charakter ergänzen und eine weiche, reichhaltige Balance schaffen. Solche Cocktails sind oft als „Liquid Desserts" bekannt und bieten eine sämige, üppige Trinkerfahrung im Gegensatz zu erfrischenden, leichten Drinks.

Eigenschaften der Kategorie Cremig-Süß

Textur: Cremig-süße Cocktails haben eine samtige, dichte Textur. Dies wird oft durch Sahne, Kokosmilch, Eier oder sahnige Liköre erreicht. Diese Textur ist zentral für das angenehme Mundgefühl solcher Cocktails.

Geschmack: Diese Cocktails haben eine ausgeprägte Süße, die durch Zutaten wie Sahneliköre oder durch Fruchtaromen wie in der Piña Colada verstärkt wird. Der Geschmack ist oft luxuriös und vollmundig.

Balance: Die Balance liegt nicht zwischen Säure und Süße wie bei anderen Cocktailkategorien, sondern zwischen der Cremigkeit und der Süße. Die Zutaten sollten harmonisch miteinander kombiniert werden, um eine ausgewogene Textur zu erzeugen, ohne dass der Drink zu schwer oder klebrig wirkt.

Wichtige fetthaltige Zutaten für cremig-süße Cocktails

Zusätzlich zu Sahne und Milch gibt es eine Vielzahl von Zutaten, die Cocktails ihre reichhaltige, cremige Textur verleihen:

Sahne oder Milch: Schlagsahne, Vollmilch oder Halb-und-halb sind klassische Zutaten, um eine samtige Textur in Cocktails wie dem White Russian oder Brandy Alexander zu erzeugen.

Kokosmilch oder Kokoscreme: Besonders in tropischen Cocktails wie der Piña Colada beliebt, bringt Kokoscreme eine exotische Cremigkeit durch ihren hohen Fettgehalt.

Eier: Eiweiß oder Eigelb sorgen in Cocktails wie dem Eggnog für eine besonders dicke, cremige Konsistenz. Eiweiß wird oft für Schaum und Textur in Cocktails geschüttelt.

Mascarpone oder Ricotta: Diese Käsesorten werden in modernen, experimentellen Cocktails verwendet, um eine unvergleichliche Reichhaltigkeit zu bieten, besonders in Dessert-Cocktails.

Butter: In Cocktails wie dem Hot Buttered Rum wird Butter verwendet, um eine dicke, cremige Textur zu erzielen und dem Drink eine vollmundige, reiche Note zu verleihen.

Joghurt: Joghurt sorgt für eine cremige und leicht säuerliche Textur, besonders in modernen, frischen Cocktails.

Avocado: Diese ungewöhnliche Zutat wird manchmal verwendet, um durch ihren natürlichen Fettgehalt eine samtige Konsistenz zu schaffen.

Sahneliköre:

Dooley's Toffee Cream Liqueur: Kombiniert Wodka mit Toffee-Aromen und verleiht eine butterweiche Textur und karamellige Süße.

Amarula: Aus der Marula-Frucht hergestellt, bringt dieser Likör eine fruchtige Süße mit Karamell- und Vanillenoten.

RumChata: Ein Rum-Sahnelikör mit Zimt- und Vanillearomen, der süß und leicht würzig ist.

Licor 43 Horchata: Ein veganer Likör auf Erdmandelbasis mit einer süß-würzigen, nussigen Cremigkeit.

Sheridan's: Ein Likör, der in einer zweigeteilten Flasche Kaffeelikör und Vanille-Sahne-Likör für eine optisch und geschmacklich beeindruckende Kombination vereint.

Mozart Cream Liqueur: Ein Schokoladenlikör, der in Varianten wie Mozart White oder Dark Chocolate für schokoladige, cremige Süße sorgt.

Crème de Banane Sahnelikör: Dieser Likör vereint die Süße von Bananen mit sahniger Fülle und verleiht tropischen Cocktails eine fruchtige Textur.

Diese Zutaten bieten eine große Bandbreite an Möglichkeiten, cremig-süße Cocktails mit einer vollmundigen Textur zu kreieren, die sowohl reichhaltig als auch ausgewogen sind.

Wichtige Aspekte der cremig-süßen Balance

Verhältnis von Cremigkeit und Süße: Die Balance zwischen der fettigen Textur der Sahne oder Kokoscreme und der Süße durch Sahneliköre ist entscheidend. Zu viel Süße kann den Cocktail klebrig machen, während zu viel Fett den Drink schwer erscheinen lässt. Eine harmonische Balance sorgt für ein angenehmes Trinkerlebnis.

Textur und Mundgefühl: In cremigen Cocktails ist die Textur besonders wichtig. Die reichhaltige Konsistenz sollte den Mund angenehm ausfüllen, aber nicht erdrückend wirken. Hochwertige Zutaten, die gut miteinander harmonieren, sind entscheidend, um die perfekte Textur zu erreichen.

Alkoholgehalt: Da viele dieser Cocktails durch die Cremigkeit und Süße den Alkoholgehalt gut verstecken, ist es wichtig, das Verhältnis von Spirituose zu fetthaltigen Zutaten zu kontrollieren, um den Drink ausgewogen zu halten.

CREMIG-SÜßE COCKTAILS

GENTLEMANS SHORTBREAD

GLAS
Highball
TECHNIK
Shake & strain
GARNITUR
Shortbread

ZUTATEN
4 cl Scotch Whiskey
1 cl Bols Honig Liqueur
1 cl Bols Butterscotch Liqueur
2 cl Fabbri Mixybar Vanilla
2 cl Voelkel Zitronensaft
8 cl Voelkel Apfelsaft

GRASSHOPPER

GLAS
Cocktailschale / Coupe
TECHNIK
Shake & fine strain
GARNITUR
Minz-Schokolade, Minzblatt

ZUTATEN
3 cl Bols Pfefferminz Liqueur
3 cl Bols Cacao White Liqueur
3 cl Sahne

BRANDY ALEXANDER

GLAS
Cocktailschale / Coupe
TECHNIK
Shake & fine strain
GARNITUR
geriebene Muskatnuss

ZUTATEN
3 cl Carlos I Brandy de Jerez
3 cl Bols Cacao Brown Liqueur
3 cl Sahne

WHITE CLOUD

GLAS
Cocktailschale / Coupe
TECHNIK
Shake & fine strain

ZUTATEN
3 cl 9 Mile Vodka
3 cl Bols Cacao White Liqueur
3 cl Sahne

↓

Gentlemans Shortbread

Grasshopper

↓ White Russian

↓ Der Schwarzwälder

Stinger

GOLDEN CADILLAC

GLAS
Cocktailschale / Coupe
TECHNIK
Shake & fine strain
GARNITUR
Orangenzeste

ZUTATEN
2 cl Galliano Vanilla
2 cl Bols Cacao White Liqueur
2 cl Sahne
2 cl Voelkel Orangensaft

WHITE RUSSIAN

GLAS
Nick & Nora
TECHNIK
Stir

ZUTATEN
3 cl 9 Mile Vodka
2 cl Kahlua Coffee Liqueur
Float on Top angeschlagene Sahne

DER SCHWARZWÄLDER

GLAS
Nick & Nora
TECHNIK
Shake & fine strain
GARNITUR
Praline, Fabbri Amarenakirsche, Minze

ZUTATEN
4 cl Monkey 47 Dry Gin
2 cl Bols Cacao Brown Liqueur
1 cl Fabbri Mixybar Amarena Wild Cherry
1 ds Fee Brothers Aztec Chocolate Bitters
2 ds Fee Brothers Cherry Bitters
Float on Top angeschlagene Sahne

STINGER

GLAS
Nick & Nora
TECHNIK
Stir
GARNITUR
Minzblättchen

ZUTATEN
4 cl Cognac Remy Martin VSOP
2 cl Bols Peppermint Green Liqueur

RUSTY NAIL

GLAS
Tumbler
TECHNIK
Stir in glass
GARNITUR
„Rostiger“ Nagel

ZUTATEN
4 cl Chivas Regal 12
2 cl Drambuie

STORY ZUM RUSTY NAIL

Es gibt Spirituosen, mit denen man unweigerlich einen bestimmten Cocktail verbindet. Kaum ein Drink ist so eng mit Drambuie verbunden wie der Rusty Nail. Auch wenn Marketing-Legenden zur Entstehung eines Drinks stark schottisch geprägt sind, so ist der Rusty Nail eine englische Erfindung. F. Benniman kreierte den Drink 1937 im Rahmen der British Industries Fair. Er nannte ihn „B.I.F. Cocktail“. Erst in den 50er-Jahren wurde der Drink in den USA wiederentdeckt und 1963 in einer Anzeige als Rusty Nail bezeichnet.

SMOKEY NAIL

GLAS
Tumbler
TECHNIK
Stir in glass
GARNITUR
Flavour Blaster

ZUTATEN
4 cl Laphroaig Single Malt 10 years old
2 cl Drambuie

GODFATHER

GLAS
Tumbler
TECHNIK
Stir

ZUTATEN
4 cl Maker's Mark Bourbon
2 cl Disaronno

↓ Smokey Nail

↓ Rusty Nail

Godfather

↓ Mango Colada

↓ Piña Colada

PIÑA COLADA

GLAS

Vergoldeter Ananas-Becher

TECHNIK

Blend

GARNITUR

kandierte Ananas

ZUTATEN

5 cl Havana Club Original Añejo 3 Años
2 cl Fabbri Mixyfruit Cocos
8 cl Voelkel Ananassaft

MANGO COLADA

GLAS

Fancy

TECHNIK

Blend

GARNITUR

Mangoslice

ZUTATEN

5 cl Havana Club Original Añejo 3 Años
2 cl Fabbri Mixyfruit Cocos
8 cl Voelkel Mangonektar

STORY ZUR PIÑA COLADA

Im Zuge der Kolonialisierung kamen die Europäer mit der Ananas in Berührung, zuerst als Gastgeschenk, später wurde die tropische Frucht in der alten Welt begehrt. Bereits im 19. Jahrhundert sollen in der Karibik Getränke mit Ananas, Kokoswasser und Rum ausgeschenkt worden sein. Um die Erfindung allerdings buhlen zwei Bars auf Puerto Rico, die eine Bar (Caribe Hilton) nennt das Jahr 1954, die andere (La Barrachina) 1963, sogar mit Gedenkstein.

Aber die Bezeichnung war selbst 1954 nicht mehr neu: In zahlreichen Quellen wird von gekühltem, gesüßten Ananassaft als Piña fria oder Piña fria colada (wörtlich: gekühlter, gesiebter Ananassaft) oder schlicht Piña colada gesprochen. Eine Piña Colada wurde 1922 im Travel Magazin folgendermaßen beschrieben: Saft einer reifen Ananas im richtigen Verhältnis mit Eis, Zucker, Limettensaft und Rum kräftig geschüttelt – dazu kam je nach Quelle noch Kokoswasser. Zwei Dinge sorgten Mitte des 20. Jahrhundert dafür, dass sich die Piña Colada weltweit verbreitete: in Konserven abgefülltes Kokosmark und ein Küchen-Elektromixer, der ab den 50er-Jahren zum Verkaufsschlager wurde.

BITTER SWEET HARMONY

GLAS

Nick & Nora / Coupe

TECHNIK

Shake & fine strain

GARNITUR

Löffelbiskuit, Himbeere

ZUTATEN

2 cl Campari
2 cl Himbeerlikör
2 cl Tiramisusirup
Float on Top angeschlagene Sahne

HOT & SOFT

GLAS

Cocktailschale

TECHNIK

Shake & fine strain

GARNITUR

Thaichili & Cranberry

ZUTATEN

4 cl Maker's Mark Bourbon
2 cl Fabbri Mixybar Vanilla
1 Stück Thai-Chili
4 cl Cranberrynektar
Float on Top angeschlagene Sahne

↓

Bitter Sweet Harmony

Hot & Soft

↓

Beetroot White Chocolate

Hazelnut Crunch

HAZELNUT CRUNCH

GLAS

Nick & Nora

TECHNIK

Shake & fine strain

GARNITUR

Haselnussrand, Giotto-Praline

ZUTATEN

2 cl Frangelico

2 cl Bols Cacao White Liqueur

4 cl Milch

1 cl Disaronno Original

1 cl Fabbri Mixybar Vanilla

BEETROOT WHITE CHOCOLATE

GLAS

Nick & Nora

TECHNIK

Shake & fine strain

GARNITUR

weiße Schokolade, Rote-Bete-Chip

ZUTATEN

5 cl Cachaça Cappucana

3 cl Voelkel Rote-Bete-Saft

1 cl John's Natural Cordial Weiße Schokolade

Tiki- & Juicy-Cocktails

↓

Tiki- & Juicy-Cocktails stehen für lebendige, fruchtige und oft tropische Drinks, die durch eine ausgewogene Mischung aus Säure, Süße und exotischen Aromen bestechen. Diese Cocktails stammen aus der Tiki-Kultur, die in den 1930er-Jahren von Donn Beach und Trader Vic populär gemacht wurde. Sie sind bekannt für ihre intensiven Aromen, die durch die Verwendung von verschiedenen Rumsorten, frischen Fruchtsäften und Sirupen erreicht werden. „Juicy"-Cocktails, die stark auf frische Fruchtsäfte setzen, bieten ein erfrischendes, saftiges Trinkerlebnis und sind meist leicht trinkbar.

Eigenschaften der Tiki- & Juicy-Kategorie

Fruchtige Aromen: Diese Cocktails sind stark von tropischen und fruchtigen Aromen geprägt. Zutaten wie Ananas, Limette, Orange, Mango und Passionsfrucht dominieren das Geschmacksprofil.

Komplexität und Vielschichtigkeit: Vor allem Tiki-Cocktails verwenden oft verschiedene Rumsorten, um den Drinks mehr Tiefe und Aromenkomplexität zu verleihen. Sie kombinieren Süße, Säure und manchmal Gewürze, um ein volles Geschmackserlebnis zu bieten.

Süße-Säure-Balance: Tiki- und Juicy-Cocktails leben von der perfekten Balance zwischen Süße, meist aus Sirupen oder frischen Fruchtsäften, und der Säure von Zitrusfrüchten. Diese Balance hält den Drink frisch und aufregend, ohne zu schwer oder zu sauer zu wirken.

Wichtige Zutaten in Tiki- & Juicy-Cocktails

Fruchtsäfte: Zitrussäfte wie Limetten, Orangen und Grapefruits sowie tropische Säfte wie Ananas, Mango oder Passionsfrucht sind typisch für diese Kategorie.

Rumsorten: Tiki-Drinks verwenden oft verschiedene Rums wie weißen, goldenen und dunklen Rum, um die Aromen zu intensivieren. Auch Overproof Rum kommt für stärkere Cocktails zum Einsatz.

Gewürze und Sirupe: Sirupe wie Orgeat (Mandel-Sirup), Falernum (Limetten-Gewürz-Sirup) und Grenadine bringen Süße und Aromen, während Gewürze wie Zimt, Muskatnuss oder Nelken zusätzlichen Geschmack und Tiefe verleihen.

Wichtige Aspekte der Tiki- & Juicy-Balance

Verhältnis von Süße und Säure: Die Balance zwischen fruchtiger Säure und süßen Komponenten ist entscheidend, um den Cocktail lebendig und erfrischend zu halten.

Aromatische Komplexität: Tiki-Drinks leben von der Kombination verschiedener Rumsorten, Säfte, Sirupe und Gewürze, die das Geschmacksprofil vielschichtig machen.

Dekoration: Aufwendige Garnituren mit tropischen Früchten, Minze und Gewürzen verstärken das exotische und festliche Erlebnis.

FAZIT

Die Tiki-&-Juicy-Kategorie zeichnet sich durch fruchtige, lebendige Aromen und eine ausgewogene Mischung aus Säure und Süße aus. Klassiker wie der Mai Tai, Zombie, Sex on the Beach und Touchdown bieten eine erfrischende Kombination von exotischen Aromen und kräftigen Spirituosen. Ob tropisch oder fruchtig, diese Cocktails sind ein Genuss für die Sinne und spiegeln die aufregende Welt der Tiki-Kultur wider.

TIKI- & JUICY-COCKTAILS

DON SWIZZLE

GLAS
Tiki Mug
TECHNIK
Shake & strain
GARNITUR
Pflaume

ZUTATEN
5 cl Don Papa Masskara Rum
2 cl Falernum Liqueur
2 cl Voelkel Pflaume
3 cl Voelkel Limettensaft
2 cl Fabbri Mixybar Chocolate

PLUM CAKE PUNCH

GLAS
Tiki Mug
TECHNIK
Shake & strain
GARNITUR
Pflaume, Blüte

ZUTATEN
5 cl Haynes finest Caribbean Rum
2 cl Voelkel Limettensaft
2 cl Fabbri Mixybar Hazelnut
8 cl Voelkel Pflaume
1–2 ds Fee Brothers Cherry Bitters

YUZU PUNCH

GLAS
Tiki Mug
TECHNIK
Shake & strain
GARNITUR
Birne, Blüte

ZUTATEN
5 cl Toki Japanese Whisky
1 cl Fabbri Mixybar Calamansi Yuzu
1 cl John's Natural Cordial Birne
2 cl Voelkel Limettensaft
6 cl Voelkel Pink Grapefruitsaft

PLANTER'S PUNCH

GLAS
Tiki Mug
TECHNIK
Shake & strain
GARNITUR
Orange, Ananas, geriebene Muskatnuss

ZUTATEN
5 cl Plantation Original Dark
2 cl Voelkel Limettensaft
1 cl Bols Grenadine
6 cl Voelkel Orangensaft
6 cl Voelkel Ananassaft

↓

Plum Cake Punch

↓

Yuzu Punch

↓

Zombie

Amalfi Punch

CHERRY PUNCH

GLAS
Tiki Mug
TECHNIK
Shake & strain
GARNITUR
Vanilleschote, Fabbri Amarenakirsche, Limette

ZUTATEN
5 cl Clement Blanc Rhum Agricole
3 cl Fabbri Mixyfruit Raspberry
1 cl John's Natural Cordial Vanille
2 cl Voelkel Limettensaft
10 cl Voelkel Sauerkirschnektar

AMALFI PUNCH

GLAS
Tiki Mug
TECHNIK
Shake & strain
GARNITUR
Ananas, Holunderblüte

ZUTATEN
4 cl Malfy con Arancia
2 cl Scavi & Ray Limoncello
2 cl Voelkel Limettensaft
1 cl John's Natural Cordial Holunderblüte
8 cl Voelkel Ananassaft

ZOMBIE

GLAS
Tiki Mug
TECHNIK
Shake & strain
GARNITUR
brennende Limette

ZUTATEN
2 cl Havana Club Original Añejo 3 Años
2 cl Plantation Xaymaca
2 cl Plantation Overproof O.F.T.D
2 cl Voelkel Limettensaft
2 cl Bols Cherry Brandy Liqueur
2 cl Bols Apricot Brandy Liqueur
1 cl Bols Grenadine
4 cl Voelkel Orangensaft
4 cl Voelkel Ananassaft

STORY VOM ZOMBIE

Der „Zombie Punch" der 1930er-Jahre geht auf Donn Beach (eigentlich Ernest Raymond Beaumont-Gantt) zurück. Donn gilt als Gründervater der Tiki-Kultur und eröffnete 1934 „Don the Beachcomber" in Hollywood. Im gleichen Jahr kreierte er das Rezept. Angeblich mixte er den Cocktail für einen verkaterten Freund, der vor seinem Abflug nach San Francisco vorbeischaute. Nachdem er drei dieser Drinks trank, reiste er ab. Als er zurückkam, erzählte er, er habe sich wie ein Untoter gefühlt. Daher der Name Zombie.

MAI TAI – TRADER VIC

GLAS

Tiki Mug

TECHNIK

Shake & strain

GARNITUR

Minze, Limette

ZUTATEN

6 cl Wray & Nephew Rum
3 cl Plantation Xaymaca
1 cl Plantation Overproof O.F.T.D
3 cl Limettensaft
1,5 cl Bols Dry Curacao
0,75 cl John's Mandelsirup
0,75 cl Kandiszuckersirup
(oder John's Zuckersirup)

MAI TAI – DON THE BEACHCOMBER

GLAS

Tiki Mug

TECHNIK

Shake & strain

GARNITUR

Minze, Grapefruit, Sternanis

ZUTATEN

3 cl Havana Club Añejo 7 Años
3 cl Plantation Xaymaca
3 cl Voelkel Limettensaft
3 cl Voelkel Grapefruitsaft
0,75 Falernum Liqueur
1,5 cl Cointreau
1 ds Angostura Bitter
1 ds Pernod

STORY VOM MAI TAI – TRADER VIC

Eingeleitet wurde die Ära der Tiki-Bars von Donn Beach alias Don the Beachcomber. Donn behauptete 1933, den Mai Tai erfunden zu haben. Jeff „Beachbum“ Berry kam jedoch zu dem Ergebnis, dass Donn einen Drink mit diesem Namen kreiert, aber nicht den berühmten Mai Tai erfunden hatte. Victor Bergeron alias Trader Vic wiederum beanspruchte, 1944 den Mai Tai in Oakland erfunden zu haben.

COCONUT MAI TAI

GLAS

Vergoldeter Ananas Becher

TECHNIK

Shake & strain

GARNITUR

Minze, Ananas

ZUTATEN

4 cl Plantation Pineapple
2 cl Malibu Kokos Likör
3 cl Voelkel Limettensaft
2 cl John's Natural Cordial Mojito

↓ Mai Tai – Don the Beachcomber, Trader Vic

↓ Coconut Mai Tai

↓ Scorpion

↓ Hurricane

Singapore Sling

HURRICANE

GLAS
Tiki Mug
TECHNIK
Shake & strain
GARNITUR
blauer Kandisstick

ZUTATEN
5 cl Plantation Original Dark
2 cl Plantation Overproof O.F.T.D
4 cl Voelkel Zitronensaft
1 cl Bols Grenadine
4 cl Maracuja

SCORPION

GLAS
Tiki Mug
TECHNIK
Shake & strain
GARNITUR
Limette

ZUTATEN
4 cl Haynes Rum
2 cl Brandy Carlos I
1,5 cl Bols Triple Sec Liqueur
6 cl Voelkel Orangensaft
2 cl Voelkel Zitronensaft
1,5 cl Fabbri Mixybar Orzata

SINGAPORE SLING

GLAS
Tiki Mug
TECHNIK
Shake & strain
GARNITUR
Ananas, Kirschblüten

ZUTATEN
4 cl Gin
2 cl Voelkel Limettensaft
2 cl Bols Cherry Brandy Liqueur
1 cl Bols Triple Sec Liqueur
1 cl D.O.M Bénédictine
1 cl Bols Grenadine
8 cl Voelkel Ananassaft
1 ds Angostura Bitter

UMAI PUNCH

GLAS
Tiki Mug
TECHNIK
Shake & strain
GARNITUR
Mango, Limette, Gurke

ZUTATEN
5 cl Jinro Soju
2 cl John's Natural Cordial Honig
2 cl Voelkel Limettensaft
8 cl Voelkel Mangonektar

Sparkling Cocktails

↓

Die Sparkling-Kategorie umfasst Cocktails, die durch kohlensäurehaltige Zutaten wie Champagner, Sekt, Prosecco oder Soda erfrischend sprudelnd sind. Diese Drinks zeichnen sich durch ihre Leichtigkeit, Eleganz und Frische aus, was sie ideal für festliche Anlässe oder als Aperitifs macht. Die Kombination von sprudelnden Weinen oder Soda mit Spirituosen und Fruchtsäften bringt eine besondere Raffinesse und einen spritzigen Charakter in den Drink.

Eigenschaften der Sparkling-Kategorie

Sprudelnde Textur: Diese Cocktails haben durch ihre enthaltene Kohlensäure eine lebendige und prickelnde Textur, die das Trinkerlebnis leicht und erfrischend gestalten.

Eleganz und Frische: Durch die Verwendung von Champagner oder Prosecco erhalten diese Cocktails eine elegante, feierliche Note. Die Aromen sind oft subtiler, was den Cocktail erfrischend und leicht trinkbar macht.

Säure-Süße-Balance: Besonders wichtig ist die natürliche Säure von Champagner und Prosecco. Sie bringt eine frische, lebendige Säure in den Cocktail, die die Süße von Sirupen, Likören oder Fruchtsäften ausbalanciert. Diese Säure sorgt dafür, dass der Cocktail trotz süßer Zutaten nicht zu schwer oder klebrig wirkt, sondern angenehm frisch bleibt.

Wichtige Zutaten in Sparkling Cocktails

Champagner, Prosecco oder Sekt: Diese Schaumweine bringen nicht nur Spritzigkeit, sondern auch eine deutliche Säure, die in vielen Cocktails eine entscheidende Rolle spielt, um die Süße der übrigen Zutaten auszubalancieren.

Soda oder Mineralwasser: Kohlensäurehaltiges Wasser wird oft als Filler verwendet, um den Cocktail leichter zu machen, wie beim klassischen Spritz.

Aperitifs und Liköre: Bittere oder fruchtige Aperitifs wie Aperol, Campari oder Lillet werden häufig in Spritz-Cocktails verwendet, um eine Balance zwischen Bitterkeit und Süße zu schaffen.

Frische Fruchtsäfte und Sirupe: Fruchtsäfte wie Orangensaft oder Holunderblütensirup sind ebenfalls beliebte Zutaten, um die Frische und das Aroma zu verstärken.

Wichtige Aspekte der Sparkling-Balance

Säure-Süße-Verhältnis: Die Säure von Champagner und Prosecco ist entscheidend, um die Süße der anderen Zutaten auszugleichen. Ein ausgewogenes Verhältnis sorgt dafür, dass der Cocktail lebendig und frisch bleibt, ohne dass die Süße überhandnimmt.

Kohlensäure und Aromen: Die prickelnde Textur verstärkt die Frische und Leichtigkeit des Cocktails. Die Kohlensäure sollte die restlichen Zutaten ergänzen, ohne deren Aromen zu überdecken.

Leichtigkeit und Eleganz: Sparkling Cocktails sollen leicht und erfrischend wirken. Zu kräftige oder zu süße Zutaten können das Trinkerlebnis beeinträchtigen. Die Säure der Schaumweine bringt die nötige Frische, um die Balance zu wahren.

SPARKLING COCKTAILS

OLD CUBAN

GLAS
Cocktailschale
TECHNIK
Shake & fine strain
GARNITUR
Minze

ZUTATEN
2–3 Zweige Minze
5 cl Havana Club Añejo 7 Años
2 cl Voelkel Limettensaft
2 cl John's Natural Cordial Rohrzucker
1 ds Angostura Bitter
Fill up Champagner

PORNSTAR MARTINI

GLAS
Cocktailschale
TECHNIK
Shake & fine strain
GARNITUR
halbe Maracuja

ZUTATEN
4 cl 9 Mile Vodka
2 cl Passoa
2 cl Voelkel Maracujanektar
1 cl Fabbri Mixybar Vanilla
1 cl Voelkel Limettensaft
1 Shotglas Champagner

PORNSTAR MARTINI 2.0

GLAS
Cocktailschale
TECHNIK
Shake & fine strain

ZUTATEN
4 cl Koskenkorva Vodka
1 cl Galliano Vanilla
2 cl Passoa
1 cl Voelkel Zitronensaft
1 cl John's Natural Cordial Lime Juice
Float on Top Prosecco-Maracuja-Espuma

PRINCE OF WALES

GLAS
Prince of Wales Cup
TECHNIK
Shake & strain
GARNITUR
Minze, Orange, Beeren

ZUTATEN
2 cl Cognac Remy Martin VSOP
1 cl Cointreau
1 cl D.O.M Bénédictine
1 ds Angostura Bitter
Fill up Champagner

↓

Pornstar Martinis

Old Cuban

Prince of Wales

↓ Aperol Spritz

↓ Sarti Spritz

↓ Campari Spritz

SARTI SPRITZ

GLAS
großes Weinglas
TECHNIK
Build & stir in glass
GARNITUR
Blutorange

ZUTATEN
4 cl Sarti Rosa
4 cl Goldberg Indian Hibiscus Tonic
Fill up Scavi & Ray Prosecco Rosé (6 cl)

APEROL SPRITZ

GLAS
großes Weinglas
TECHNIK
Build & stir in glass
GARNITUR
Orangenscheibe

ZUTATEN
4 cl Aperol
1 Splash Goldberg Soda Water (3 cl)
Fill up Scavi & Ray Prosecco (6 cl)

CAMPARI SPRITZ

GLAS
großes Weinglas
TECHNIK
Build & stir in glass
GARNITUR
Orangenscheibe

ZUTATEN
4 cl Campari
1 Splash Goldberg Soda Water (3 cl)
Fill up Scavi & Ray Prosecco (6 cl)

STORY VOM APEROL SPRITZ

Das Rezept für Aperol geht auf das Jahr 1919 zurück, als die Brüder Luigi und Silvio Barbieri ihre Kreation auf einer Messe in Padua vorstellten. Der moderne Prosecco-Hype begünstigte in den späten 90er-Jahren die Ausbreitung, zuerst natürlich nach München. 2004 kam die Marke Aperol ins deutsche Portfolio von Campari. In Norditalien, besonders im Veneto, war schon lange zuvor ein ähnlicher Apéro (wovon sich der Name Aperol ableitet) verbreitet. Er ist bekannt als Veneto Spritz oder Veneziano. Er wird mit anderen Bitterlikören und Weißwein oder Prosecco (der ebenfalls aus dem Veneto stammt) gemixt.

LIMONCELLO SPRITZ

GLAS

großes Weinglas

TECHNIK

Build & stir in glass

GARNITUR

Mangoslice

ZUTATEN

4 cl Limoncello Scavi

6 cl Voelkel Mangonektar

Fill up Scavi & Ray Prosecco (6 cl)

BLUE OCEAN

GLAS

großes Weinglas

TECHNIK

Build & stir in glass

GARNITUR

Rosmarin, Zitrone, Fabbri Amarenakirsche

ZUTATEN

4 cl Bols Blue Curacao Liqueur

1 Splash Goldberg Mediterranean Tonic (3 cl)

Fill up Scavi & Ray Prosecco (6 cl)

ERNST & SPRITZIG

GLAS

großes Weinglas

TECHNIK

Build & stir in glass

GARNITUR

Birne

ZUTATEN

4 cl Bitter Ernst

1 Splash Voelkel Apfelsaft (3 cl)

Fill up Scavi & Ray Prosecco (6 cl)

↓ Limoncello Spritz

↓ Blue Ocean

↓ Ernst & Spritzig

↓

Hugo Rose, Hugo

HUGO ROSE

GLAS
großes Weinglas
TECHNIK
Build & stir in glass
GARNITUR
Minze, Limette

ZUTATEN
1–2 Zweige Minze
1 cl Fabbri Mixybar Holunderblüten und Beeren
1 cl Voelkel Limettensaft
1 Splash Goldberg Soda Water (3 cl)
Fill up Scavi & Ray Prosecco Rosé (6 cl)

HUGO

GLAS
großes Weinglas
TECHNIK
Build & stir in glass
GARNITUR
Minze, Limette

ZUTATEN
1–2 Zweige Minze
1 cl John's Natural Cordial Holunderblüte
1 cl Voelkel Limettensaft
1 Splash Goldberg Soda Water (3 cl)
Fill up Scavi & Ray Prosecco (6 cl)

STORY VOM HUGO

2005 erfand Roland Gruber, Barmann und Betreiber des „San Zeno", einer Wein- und Cocktailbar in Südtirol, diesen Terrassen- und Aperitif-Drink mit dem zufälligen Namen „Hugo", als Alternative zum Aperol Spritz. Ursprünglich mit Zitronenmelissesirup, Prosecco, Soda und Minze zubereitet, wurde der Sommerdrink von Nachahmern durch den leichter erhältlichen Holunderblütensirup und etwas Limette verändert, verbreitete sich in dieser Form über München und wurde zu einem modernen Terrassen-Klassiker.

LILLET VIVE

GLAS

großes Weinglas

TECHNIK

Build & stir in glass

GARNITUR

Minze, Erdbeere, Gurke, Limette

ZUTATEN

5 cl Lillet Blanc

Fill up Goldberg Tonic Water (10 cl)

LILLET BERRY

GLAS

großes Weinglas

TECHNIK

Build & stir in glass

GARNITUR

Beeren

ZUTATEN

5 cl Lillet Blanc

Fill up Goldberg Wild Berry (10 cl)

STORY ZUM LILLET VIVE

An der Grenze zum Longdrink liegt diese Spritz-Variation. Seit 2013 begeistert diese sommerliche Variante aus fruchtig-herben Aromen. Lillet blanc ist ein Aperitif-Wein aus weißen Rebsorten aus dem Bordeaux und wird aufgespritet mit einem Likör-Mazerat verschiedener exotischer Orangensorten und etwas Chinarinde.

↓

Lillet Berry, Lillet Vive

Highballs & Longdrinks

↓

Die Highball- & Longdrink-Kategorie umfasst Cocktails, die aus einer Basis-Spirituose und einem Filler (meist kohlensäurehaltig) bestehen und in großen Gläsern mit viel Eis serviert werden. Diese Drinks sind für ihre erfrischende Wirkung und leichte Trinkbarkeit bekannt, was sie ideal für lange Abende und gesellige Anlässe macht. Sie bieten viele Variationsmöglichkeiten, wobei der Filler und die häufige Zugabe von Limette oder Zitrone das Geschmacksprofil erheblich beeinflussen. Zitrusfrüchte bringen eine frische Säure, die dem Drink Lebendigkeit und zusätzliche Balance verleiht.

Unterschied zwischen Highball und Longdrink

Obwohl die Begriffe „Highball " und „Longdrink" oft synonym verwendet werden, gibt es kleine Unterschiede:

Highball: Ein Highball ist typischerweise ein einfacher Cocktail, der aus einer Spirituose und einem Filler wie Tonic Water, Ginger Ale oder Soda besteht. Er wird oft durch Limetten- oder Zitronenscheiben ergänzt, die für zusätzliche Frische sorgen und die Aromen der Spirituose hervorheben. Highballs werden in speziellen, hohen Gläsern (Highball-Gläsern) serviert und zeichnen sich durch ihre Leichtigkeit und Spritzigkeit aus.

Longdrink: Ein Longdrink enthält meist eine größere Menge Filler und kann neben der Basis-Spirituose auch komplexere Aromen durch zusätzliche Zutaten wie Sirupe oder Fruchtsäfte enthalten. Ein typischer Longdrink ist zum Beispiel der Gin & Tonic, bei dem der Filler Tonic Water die botanischen Noten des Gins unterstreicht und oft durch Limette als Garnitur ergänzt wird.

Balance in der Highball- und Longdrink-Kategorie

In dieser Kategorie wird die Balance maßgeblich durch das Verhältnis zwischen der Basis-Spirituose und dem Filler bestimmt, wobei Zitrusfrüchte wie Limette oder Zitrone oft verwendet werden, um eine frische Säurenote hinzuzufügen. Unterschiedliche Filler bieten spezifische Geschmacksprofile, die die Spirituose ideal ergänzen und die Balance zwischen Süße, Säure, Bitterkeit und Kohlensäure beeinflussen:

Tonic Water: Die charakteristische Bitterkeit von Tonic harmoniert perfekt mit den floralen und zitrischen Noten von Gin, wie beim Gin & Tonic. Oft wird eine Limettenscheibe hinzugefügt, die den Drink noch frischer und lebendiger macht.

Ginger Ale und Ginger Beer: Beide Filler bringen eine würzige Schärfe, die besonders gut mit Wodka, Rum und dunklem Rum harmoniert. Ginger Beer im Moscow Mule wird oft mit Limette kombiniert, um die Schärfe und Spritzigkeit des Drinks zu betonen.

Bitter Lemon: Dieser Filler bringt eine intensive Zitrusnote, die gut mit Gin oder Tequila harmoniert und eine spritzige, säuerliche Balance schafft.

Cola: Cola bringt eine vollmundige Süße, die besonders gut mit Rum und Whisky harmoniert. Im Cuba Libre wird die Cola durch einen Spritzer Limette ergänzt, wodurch die Süße ausbalanciert und die Aromen des Rums hervorgehoben werden.

Pink Grapefruit (Pink Paloma): Die fruchtige Säure des Pink-Grapefruit-Fillers ergänzt die Würze des Tequilas in der Pink Paloma und schafft einen erfrischenden, leicht süßen und herben Drink.

Soda: Durch seinen neutralen Geschmack lässt Soda die Aromen der Spirituose klar im Vordergrund stehen, wie im Whisky Soda, der durch einen Spritzer Zitrone oder Limette zusätzliche Frische und eine feine Säure erhält.

Wild Berry: Die süß-säuerlichen Beerennoten harmonieren hervorragend mit Gin oder Wodka und werden durch eine Zitronengarnitur zusätzlich belebt, die dem Drink eine lebendige Frische verleiht.

Exotische Filler: Exotische Filler wie Hibiscus Tonic und Spicy Wasabi von Goldberg bieten einzigartige Aromen und kreative Kombinationsmöglichkeiten. Der blumige Geschmack des Hibiscus Tonic passt ideal zu Gin und wird häufig mit Zitrone serviert, um eine harmonische Balance zu schaffen, während das würzige Wasabi Tonic eine ungewöhnliche, kräftige Note hinzufügt.

FAZIT

Die Highball- & Longdrink-Kategorie bietet unkomplizierte, erfrischende Cocktails, bei denen die Balance zwischen Spirituose und Filler entscheidend ist. Häufige Ergänzungen wie Limette oder Zitrone verleihen diesen Drinks eine frische Säurenote, die den Geschmack hebt und die Süße der Filler ausbalanciert. Klassiker wie der Gin & Tonic, Cuba Libre und die Pink Paloma zeigen, wie die Kombination aus Spirituose, Filler und Zitrusnoten für ein erfrischendes, harmonisches Trinkerlebnis sorgt, das sich an verschiedene Geschmackspräferenzen anpassen lässt – von herb und spritzig bis fruchtig und süß.

HIGHBALLS & LONGDRINKS

MOSCOW MULE

GLAS
Mule-Becher
TECHNIK
Build & stir in glass
GARNITUR
Limette, Gurke

ZUTATEN
4 cl 9 Mile Vodka
1 cl Voelkel Limettensaft
Fill up Goldberg Ginger Beer (10 cl)

SLOE MULE

GLAS
Mule-Becher
TECHNIK
Build & stir in glass
GARNITUR
Rote Johannisbeeren

ZUTATEN
4 cl Hayman's Sloe Gin
1 cl Voelkel Limettensaft
Fill up Goldberg Ginger Beer (10 cl)

ERNST MULE

GLAS
Mule-Becher
TECHNIK
Build & stir in glass
GARNITUR
Goldenes Blatt, Ingwer

ZUTATEN
4 cl Bitter Ernst
1 cl Voelkel Limettensaft
Fill up Goldberg Ginger Beer (10 cl)

STORY ZUM MULE

Der Mule ist ein Nachfahre des Buck! Der Begriff „Mule“ bedeutet Maultier. Der Drink soll einen „Kick“ geben – ähnlich wie ein Maultiertritt. Der Mule entstand 1941 in Los Angeles, als sich drei „Ladenhüter“ ihr Leid klagten: frisch emigrierter Vodka, Ingwerlimonade, die nach der Wirtschaftskrise nicht ankam, und verstaubte Kupferbecher einer russischen Emigrantin. Der Name ist eine Marketing-Idee seiner Erfinder.

↓

Sloe Mule, Moscow Mule, Ernst Mule

↓

Irish Buck

bERNSTein

Horse's Neck

IRISH BUCK

GLAS
Highball
TECHNIK
Build & stir in glass
GARNITUR
Limette

ZUTATEN
4 cl Jameson Irish Whiskey
1 cl Voelkel Limettensaft
Fill up Goldberg Ginger Ale (10 cl)

HORSE'S NECK

GLAS
Highball
TECHNIK
Build & stir in glass
GARNITUR
Zitronenspirale

ZUTATEN
4 cl Maker's Mark Kentucky Straight Bourbon
1 ds Angostura Bitter
Fill up Goldberg Ginger Ale (10 cl)

BERNSTEIN

GLAS
Highball
TECHNIK
Build & stir in glass
GARNITUR
Blüte, Orange

ZUTATEN
4 cl Bitter Ernst
Fill up Goldberg Ginger Ale (10 cl)

STORY ZUM HORSE'S NECK

Das Horse's-Neck-Rezept aus Goerge J. Kappelers „Modern American Drinks" ist 1895 das erste, das den Drink mit seiner namensgebenden, langen Zitronenzeste beschreibt und weiteres Eis sowie Ginger Ale nennt. Jedoch fehlt in der Rezeptur jede Spur von einer Spirituose: Der Horse's Neck war also ursprünglich ein alkoholfreier Drink!

EIERLIKÖR & LEMON

GLAS
Highball
TECHNIK
Build & stir in glass
GARNITUR
Schokoladenei

ZUTATEN
4 cl Bols Eierlikör
Fill up Goldberg Bitter Lemon (10 cl)

SARTI & LEMON

GLAS
Highball
TECHNIK
Build & stir in glass
GARNITUR
Orange

ZUTATEN
4 cl Sarti Rosa
Fill up Goldberg Bitter Lemon (10 cl)

LIMONCELLO & LEMON

GLAS
Highball
TECHNIK
Build & stir in glass
GARNITUR
Zitrone

ZUTATEN
4 cl Scavi & Ray Limoncello
Fill up Goldberg Bitter Lemon (10 cl)

↓

Sarti & Lemon, Limoncello & Lemon

↓

Toki Highball
Skinny Crystal Bitch, Vermouth & Soda

TOKI HIGHBALL

GLAS

Toki-Highball-Glas

TECHNIK

Build & stir in glass

ZUTATEN

4 cl Toki Japanese Whisky
Fill up Goldberg Soda Water (10 cl)

SKINNY CRYSTAL BITCH

GLAS

Highball

TECHNIK

Build & stir in glass

ZUTATEN

4 cl Crystal Head Vodka
Fill up Goldberg Soda Water (10 cl)

VERMOUTH & SODA

GLAS

Highball

TECHNIK

Build & stir in glass

GARNITUR

Weintrauben

ZUTATEN

4 cl Wermut Muntaner Rojo
Fill up Goldberg Soda Water (10 cl)

PALOMA

GLAS
Highball
TECHNIK
Build & stir in glass
GARNITUR
Salzrand, pinkes Blatt

ZUTATEN
4 cl Jose Cuervo Traditional Tequila Silver
1 cl Voelkel Limettensaft
Fill up Goldberg Pink Grapefruit (10 cl)

STORY ZUM PALOMA

In der Geschichte der Paloma wird oft der Name von Don Javier Delgado Corona genannt. Der Eigentümer der berühmten Bar „La Capilla“ in der Stadt Tequila im mexikanischen Bundesstaat Jalisco soll den Drink Mitte des 20. Jahrhunderts erfunden haben, doch dies lässt sich nicht mit Sicherheit nachweisen. La Capilla, eine der ältesten und bekanntesten Bars Mexikos, hat viele Tequila-basierte Cocktails populär gemacht, und es ist möglich, dass die Paloma dort ihren Ursprung nahm oder zumindest verbreitet wurde.

AGRICOLE & GRAPEFRUIT

GLAS
Highball
TECHNIK
Build & stir in glass
GARNITUR
Grapefruitscheibe

ZUTATEN
4 cl Clement Blanc Rhum Agricole
1 cl Voelkel Limettensaft
Fill up Goldberg Pink Grapefruit (10 cl)

ITALICUS & GRAPEFRUIT

GLAS
Highball
TECHNIK
Build & stir in glass
GARNITUR
Orange

ZUTATEN
4 cl Italicus Rosario di Bergamotto
1 cl Voelkel Limettensaft
Fill up Goldberg Pink Grapefruit (10 cl)

↓ Agricole & Grapefruit

↓ Paloma

↓ Italicus & Grapefruit

↓

Roku & Wasabi, Haku & Wasabi

ROKU & WASABI

GLAS
Highball
TECHNIK
Build & stir in glass
GARNITUR
Gurke

ZUTATEN
3 cl Roku the Japanese Craft Gin
2 cl Sake
Fill up Goldberg Spicy Wasabi (10 cl)

HAKU & WASABI

GLAS
Highball
TECHNIK
Build & stir in glass
GARNITUR
Blüte

ZUTATEN
4 cl Haku the Japanese Craft Vodka
1 TL Matchapulver
Fill up Goldberg Spicy Wasabi (10 cl)

CUBA LIBRE

GLAS
Highball
TECHNIK
Build & stir in glass
GARNITUR
Limette

ZUTATEN
4 cl Havana Club Original Añejo 3 Años
1 cl Voelkel Limettensaft
Fill up Goldberg Premium Cola (10 cl)

STORY ZUM CUBA LIBRE

Im Zuge der Unabhängigkeitsbewegung gegen die spanischen Kolonialherren kam es 1898 mit Unterstützung der USA auf Kuba zum Krieg gegen Spanien. Die auf der Insel stationierten US-Truppen fanden Gefallen an dem regionalen Rumstil, kombiniert mit ihrer importierten Coca Cola und Limetten. 1899 wurde so gemeinsam auf die Befreiung Kubas angestoßen.

MÜNCHNER FREIHEIT

GLAS
Highball
TECHNIK
Build & stir in glass
GARNITUR
Orange

ZUTATEN
4 cl Bitter Ernst
1 cl Voelkel Limettensaft
Fill up Goldberg Premium Cola (10 cl)

LAPHROAIG & COLA

GLAS
Highball
TECHNIK
Build & stir in glass
GARNITUR
Rosmarin

ZUTATEN
4 cl Laphroaig Single Malt 10 Years old
1 ds Fee Brothers Walnut Bitters
Fill up Goldberg Premium Cola (10 cl)

↓

Cuba Libre, Münchener Freiheit, Laphroaig & Cola

↓

Hayman's & Tonic, Mr. Chura & Tonic
Sipsmith & Tonic

GIN & TONIC-REZEPTE

SIPSMITH & TONIC

GLAS
Longdrink
TECHNIK
Build & stir in glass
GARNITUR
Orangenzeste

ZUTATEN
4 cl Sipsmith London Dry Gin
Fill up Goldberg Tonic Water

HAYMAN'S & TONIC

GLAS
Longdrink
TECHNIK
Build & stir in glass
GARNITUR
Zitrone

ZUTATEN
4 cl Hayman's London Dry Gin
Fill up Goldberg Tonic Water

MR. CHURA & TONIC

GLAS
Longdrink
TECHNIK
Build & stir in glass
GARNITUR
Orange, Koriander

ZUTATEN
4 cl Mr. Chura London Dry Gin
Fill up Goldberg Tonic Water

BROCKMANS & BONE-DRY TONIC

GLAS

Longdrink

TECHNIK

Build & stir in glass

GARNITUR

Brombeeren

ZUTATEN

4 cl Brockmans Gin Intensely Smooth

Fill up Goldberg Bone-Dry Tonic

BOTANIST & BONE-DRY TONIC

GLAS

Longdrink

TECHNIK

Build & stir in glass

GARNITUR

Minze

ZUTATEN

4 cl The Botanist Islay Dry Gin

Fill up Goldberg Bone-Dry Tonic

↓

Brockmans & Bone-Dry Tonic, Botanist & Bone-Dry Tonic

↓

Nordés & Mediterranean Tonic, Citadelle & Mediterranean Tonic
Malfy & Mediterranean Tonic, Gin Gold & Mediterranean Tonic

NORDÉS & MEDITERRANEAN TONIC

GLAS

Copa

TECHNIK

Build & stir in glass

GARNITUR

Rosmarin, Zitrone

ZUTATEN

4 cl Nordés Atlantic Galician Gin
Fill up Goldberg Mediterranean Tonic

CITADELLE & MEDITERRANEAN TONIC

GLAS

Copa

TECHNIK

Build & stir in glass

GARNITUR

Lorbeer, Orangenzeste

ZUTATEN

4 cl Citadelle Gin de France
Fill up Goldberg Mediterranean Tonic

MALFY & MEDITERRANEAN TONIC

GLAS

Copa

TECHNIK

Build & stir in glass

GARNITUR

Blutorange

ZUTATEN

4 cl Malfy Originale Gin
Fill up Goldberg Mediterranean Tonic

GIN GOLD & MEDITERRANEAN TONIC

GLAS

Copa

TECHNIK

Build & stir in glass

GARNITUR

Mandarine, Thymian

ZUTATEN

4 cl Gin Gold 999.9
Fill up Goldberg Mediterranean Tonic

KINOBI & YUZU TONIC

GLAS
Longdrink
TECHNIK
Build & stir in glass
GARNITUR
Limette, Fabbri Amarenakirsche

ZUTATEN
4 cl Kinobi Kyoto Dry Gin
Fill up Goldberg Japanese Yuzu Tonic

ROKU & YUZU TONIC

GLAS
Longdrink
TECHNIK
Build & stir in glass
GARNITUR
Süssholz, Rosenblüte

ZUTATEN
4 cl Roku the Japanese Craft Gin
Fill up Goldberg Japanese Yuzu Tonic

HUMBOLDT & YUZU TONIC

GLAS
Longdrink
TECHNIK
Build & stir in glass
GARNITUR
Zimtstange

ZUTATEN
4 cl Humboldt Gin Rye Dry Gin
Fill up Goldberg Japanese Yuzu Tonic

MERMAID PINK & YUZU TONIC

GLAS
Longdrink
TECHNIK
Build & stir in glass
GARNITUR
Erdbeere

ZUTATEN
4 cl Mermaid Pink Gin
Fill up Goldberg Japanese Yuzu Tonic

↓

Kinobi & Yuzu Tonic, Roku & Yuzu Tonic
Mermaid Pink & Yuzu Tonic

↓

Fabbri & Hibiscus Tonic, Bulldog & Hibiscus Tonic
Beefeater 24 & Hibiscus Tonic, Monkey 47 Dry Gin & Hibiscus Tonic

BEEFEATER 24 & HIBISCUS TONIC

GLAS
Longdrink
TECHNIK
Build & stir in glass
GARNITUR
Grapefruit

ZUTATEN
4 cl Beefeater 24 London Dry Gin
Fill up Goldberg Indian Hibiscus Tonic

MONKEY 47 DRY GIN & HIBISCUS TONIC

GLAS
Longdrink
TECHNIK
Build & stir in glass
GARNITUR
Salbei

ZUTATEN
4 cl Monkey 47 Schwarzwald Dry Gin
Fill up Goldberg Indian Hibiscus Tonic

FABBRI & HIBISCUS TONIC

GLAS
Longdrink
TECHNIK
Build & stir in glass
GARNITUR
Amarenakirsche

ZUTATEN
4 cl Fabbri Amarena Dry Gin
Fill up Goldberg Indian Hibiscus Tonic

BULLDOG & HIBISCUS TONIC

GLAS
Longdrink
TECHNIK
Build & stir in glass
GARNITUR
Drachenfrucht

ZUTATEN
4 cl Bulldog London Dry Gin
Fill up Goldberg Indian Hibiscus Tonic

Alkoholfreie Cocktails

↓

Die alkoholfreie Cocktail-Kategorie hat sich in den letzten Jahren stark weiterentwickelt und bietet mittlerweile eine breite Palette an komplexen, geschmacklich ausbalancierten Drinks, die den alkoholischen Varianten in nichts nachstehen. Was früher oft auf einfache Fruchtsaft-Mischungen beschränkt war, hat sich durch den Einfluss moderner alkoholfreier Destillate zu einer anspruchsvollen und vielseitigen Kategorie entwickelt. Diese neuen alkoholfreien Cocktails, auch „Mocktails" genannt, bieten eine echte Alternative für alle, die bewusst auf Alkohol verzichten und dabei ein erstklassiges Geschmackserlebnis genießen wollen.

Eigenschaften der alkoholfreien Cocktails

Komplexität und Balance: Alkoholfreie Cocktails legen besonderen Wert auf das Gleichgewicht von Süße, Säure, Bitterkeit und Umami, um ein tiefes und harmonisches Geschmacksprofil zu schaffen – ähnlich wie bei alkoholischen Cocktails.

Aromatische Vielfalt: Frische Kräuter, Gewürze, Zitrusfrüchte und aromatische Zutaten verleihen alkoholfreien Cocktails Tiefe und Komplexität. Alkoholfreie Destillate bringen zusätzliche Aromen und sorgen für raffinierte, geschichtete Geschmackserlebnisse.

Textur und Mundgefühl: Durch Techniken wie das Schütteln oder durch Zutaten wie Eiweiß oder kohlensäurehaltige Filler kann die Textur variiert werden – von samtig und vollmundig bis hin zu leicht und spritzig.

Moderne Einflüsse: Alkoholfreie Destillate

Die Entwicklung hochwertiger alkoholfreier Destillate hat die alkoholfreie Cocktailwelt revolutioniert. Diese Destillate, die oft aus Pflanzen, Kräutern und Gewürzen gewonnen werden, sind so konzipiert, dass sie die Komplexität und das Mundgefühl von Spirituosen imitieren, ohne Alkohol zu enthalten. Marken wie Sears alkoholfrei und Fluère bieten geschmacklich ausbalancierte

Alternativen, die sich perfekt für die Kreation anspruchsvoller Mocktails eignen.

The Duke alkoholfrei: Dieses alkoholfreie Destillat orientiert sich am klassischen Gin und enthält eine ausgewogene Mischung aus Botanicals, die florale, würzige und zitrusartige Noten bieten. Es eignet sich hervorragend für alkoholfreie Varianten von Gin-Cocktails wie Gin & Tonic oder Gimlet.

Fluère: Fluère bietet eine Reihe von alkoholfreien Destillaten, die auf verschiedenen Botanicals wie Wacholder, Koriander und Lavendel basieren und somit eine Vielfalt an Aromen bieten. Mit seinem erdigen und zitrischen Geschmack ist Fluère ideal für alkoholfreie Negroni- oder Martini-Varianten.

Wichtige Zutaten in alkoholfreien Cocktails

Fruchtsäfte: Frische Säfte aus Zitrusfrüchten, Beeren, Äpfeln und Granatapfel bringen natürliche Süße und Frische in den Cocktail.

Sirupe und Shrubs: Hausgemachte Sirupe und Shrubs (Essig-basierte Fruchtauszüge) fügen Süße und oft eine leichte Säure hinzu, die die Aromen im Cocktail verstärken.

Kräuter und Gewürze: Frische Kräuter wie Minze, Basilikum und Rosmarin sowie Gewürze wie Zimt, Kardamom und Ingwer verleihen alkoholfreien Cocktails eine aromatische Tiefe und Komplexität.

Kohlensäurehaltige Filler: Tonic Water, Ginger Ale, Bitter Lemon und andere sprudelnde Filler bringen Leichtigkeit und Spritzigkeit in den Drink und balancieren süße Zutaten aus.

Wichtige Aspekte der Balance in alkoholfreien Cocktails

Säure und Süße: Die Balance zwischen Säure (etwa aus Zitrusfrüchten oder Essig) und Süße (wie Sirupe oder Fruchtsäfte) ist essenziell, um den Cocktail lebendig und erfrischend zu halten.

Aromatische Tiefe: Alkoholfreie Cocktails profitieren von einer Vielzahl an Aromen wie von Kräutern, Gewürzen und alkoholfreien Destillaten.

Textur und Mundgefühl: Einige alkoholfreie Cocktails setzen auf Zutaten wie Eiweiß oder Kokosmilch für eine cremige Textur, während Kohlensäure eine erfrischende Leichtigkeit bringt.

FAZIT

Die alkoholfreie Cocktail-Kategorie hat sich zu einer aufregenden und kreativen Sparte entwickelt, die durch den Einsatz hochwertiger Zutaten und alkoholfreier Destillate wie Sears alkoholfrei und Fluère ein anspruchsvolles Geschmackserlebnis bietet. Dank dieser modernen Alternativen können Klassiker wie der Gin & Tonic oder der Negroni in alkoholfreien Varianten zubereitet werden, die in Komplexität und Tiefe überzeugen. Ob alkoholfreier Negroni, Nojito oder Virgin Mule – alkoholfreie Cocktails bieten vielseitige, geschmacklich ausgewogene Optionen für jeden, der auf Alkohol, nicht aber auf Genuss verzichten möchte.

ALKOHOLFREIE COCKTAILS

YING

GLAS
Tumbler
TECHNIK
Carbonated
GARNITUR
essbare Blüte, Lemongras

ZUTATEN
10 cl Grüner Tee
2 cl Ingwersaft Voelkel
1 cl Limettensaft
2 cl John's Birnensirup

YANG

GLAS
Tumbler
TECHNIK
Carbonated
GARNITUR
essbare Blüte, Chili

ZUTATEN
10 cl Schwarzer Tee
1 Thaichili-Schote
1,5 cl Limettensaft
1,5 cl John's Himbeersirup

VIRGIN PINK MOJITO

GLAS
Highball
TECHNIK
Build & stir in glass
GARNITUR
Minze

ZUTATEN
2–3 Zweige Minze
4 cl Fluère Floral Blend of Botanicals
3 cl Voelkel Limettensaft
2 cl John's Natural Cordial Mojito
Fill up Goldberg Pink Grapefruit (6 cl)

SOBER HEMINGWAY

GLAS
Cocktailschale
TECHNIK
Shake & fine strain
GARNITUR
Fabbri Amarenakirsche, Orangenzeste

ZUTATEN
5 cl Fluère Original alkoholfrei
3 cl Voelkel Limettensaft
2 cl Fabbri Mixybar Amarena Wild Cherry
3 cl Voelkel Pink Grapefruitsaft

↓

Virgin Pink Mojito, Sober Hemingway

Ying, Yang

↓

Kuyugi

Martinessi

Virgin Negroni

Chocolata Colada

KUYUGI

GLAS
Longdrink
TECHNIK
Build & stir in glass
GARNITUR
Kumquat

ZUTATEN
4 cl The Duke Entgeistert
6 Kumquats
2 cl Fabbri Mixibar Calamansi-Yuzu
15 cl Goldberg Ginger Ale

VIRGIN NEGRONI

GLAS
Tumbler
TECHNIK
Build & stir in glass
GARNITUR
Orangenzeste, Blüte

ZUTATEN
4 cl The Duke Entgeistert
4 cl Martini Floreale
3 cl Légère Cabernet Sauvignon

MARTINESSI

GLAS
V-Shape
TECHNIK
Stir
GARNITUR
Fabbri Amarenakirsche, Zimtstange

ZUTATEN
4 cl Fluère Original alkoholfrei
4 cl Martini Floreale
1 cl Fabbri Mixybar Amarena Wild Cherry
0,5 cl Fabbri Mixybar Falernum
2 BL Voelkel Ingwer Direktsaft

CHOCOLATA COLADA

GLAS
großes Weinglas
TECHNIK
Blend
GARNITUR
Ananas, weiße Schokoraspeln

ZUTATEN
2 cl John’s Natural Cordial Weiße Schokolade
2 cl Fabbri Mixyfruit Cocos
12 cl Voelkel Ananassaft

BABY BLUEBERRY CHEESECAKE

GLAS
Nick & Nora
TECHNIK
Shake & fine strain
GARNITUR
Blaubeeren

ZUTATEN
1 EL Frischkäse
2 cl John's Natural Cordial Honig
2 cl Voelkel Zitronensaft
3 cl Fabbri Mixyfruit Blueberry
6 cl Milch

BOTANICAL YUZU TONIC

GLAS
Highball
TECHNIK
Build & stir in glass
GARNITUR
Calamansi, Blüte

ZUTATEN
4 cl Flure Original alkoholfrei
Fill up Goldberg Japanese Yuzu Tonic

DUKE ENTGEISTERT & MEDITERRANEAN TONIC

GLAS
Highball
TECHNIK
Build & stir in glass
GARNITUR
Rosmarin, Estragon, Blüte

ZUTATEN
4 cl The Duke Entgeistert
Fill up Goldberg Mediterranean Tonic

GINLOS MULE

GLAS
Mule-Becher
TECHNIK
Build & stir in glass
GARNITUR
Limette

ZUTATEN
4 cl The Duke Entgeistert
1 cl Voelkel Limettensaft
Fill up Goldberg Ginger Beer

Botanical Yuzu Tonic,
Duke Entgeistert &
Mediterranean Tonic

↓

Baby Blueberry Cheesecake

Ginlos Mule

↓

Hibiskus Sprizz, Wasabi Sprizz

ITALIAN G&T

GLAS
Highball
TECHNIK
Build & stir in glass
GARNITUR
Rosmarin

ZUTATEN
5 cl Fluère Original alkoholfrei
2 cl Martini Vibrante
Fill up Goldberg Tonic Water

HIBISKUS SPRIZZ

GLAS
großes Weinglas
TECHNIK
Build & stir in glass
GARNITUR
Blaubeeren, Himbeeren

ZUTATEN
4 cl Fluère Raspberry Blend
Fill up Goldberg Indian Hibiscus Tonic

WASABI SPRIZZ

GLAS
großes Weinglas
TECHNIK
Build & stir in glass

ZUTATEN
4 cl Pitú alkoholfrei
Fill up Goldberg Spicy Wasabi

WASABI MARY

GLAS
Longdrink
TECHNIK
Build & stir in glass
GARNITUR
Limette, Cherry Tomate, Wasabicreme

ZUTATEN
5 cl The Duke Entgeistert
1 BL Wasabi
1 cl Voelkel Zitronensaft
10 cl Voelkel Tomatensaft
Gewürze

CHERRY PUNCH

GLAS
Highball
TECHNIK
Shake & strain

ZUTATEN
3 cl Fabbri Mixyfruit Erdbeere
2 cl Fabbri Mixybar Vanilla
2 cl Voelkel Limettensaft
10 cl Voelkel Sauerkirschnektar

PETIT PUNCH

GLAS
Tiki Mug
TECHNIK
Shake & strain
GARNITUR
Himbeeren

ZUTATEN
4 Blaubeeren
2 cl Fabbri Mixybar Raspberry
2 cl Voelkel Zitronensaft
8 cl Cranberrynektar

↓

Wasabi Mary

Cherry Punch

BARGERICHTE

WENN DIE KÜCHE DIE BAR KÜSST

↓

Hier trifft hohe Kochkunst auf Barkultur. Einige der spannendsten Köche des Landes haben für uns exklusive Gerichte entwickelt – gedacht als Foodpairing zu Cocktails und konzipiert für die Praxis hinterm Tresen. Schnell serviert, aromatisch stark, Bar-tauglich.

Mit dabei:
Stefan Marquard, Tohru Nakamura, Andreas Alt, Franz Schned und Meta Hiltebrand. Jeder von ihnen steuert ein Rezept bei, das sich mit wenig Aufwand, aber viel Wirkung an der Bar umsetzen lässt.

Die vollständigen Gerichte stehen nicht im Buch – dafür findest du bei jedem Namen einen QR-Code. Der führt zu einem kurzen Interview, Zubereitungstipps und natürlich dem passenden Rezept.

Inspirationen zum Entdecken, Nachkochen und Kombinieren – direkt an der Schnittstelle zwischen Küche und Tresen. Und ein Beweis dafür, dass ein guter Drink mit dem richtigen Biss noch besser wird.

STEFAN MARQUARD

TOHRU NAKAMURA

ANDREAS ALT

FRANZ SCHNED

META HILTEBRAND

INFOS

Über den Autor und die Barschule München

Matthias Knorr ist Bartender, Barmeister IHK-Fachprüfer, Dozent, Autor, Spirituosenexperte und Gründer der **Barschule München** – und das alles aus echter Leidenschaft für gute Drinks und fundiertes Wissen. Seinen Einstieg in die Gastronomie fand er bereits mit 17 Jahren, schnell folgten Stationen in Italien, Österreich, England und anderen Ländern. Ob als klassischer Bartender, Flair-Bartender, Barchef oder internationaler Bartrainer – Matthias hat die Vielfalt der Branche in all ihren Facetten erlebt.

Gemeinsam mit Anna gründete er die Barschule München – mit dem Ziel, ein Ausbildungszentrum zu schaffen, das Praxis, Tiefe und Begeisterung für die Barkultur auf höchstem Niveau vereint. Heute gehört die Barschule zu den renommiertesten Einrichtungen ihrer Art im deutschsprachigen Raum. Seit über zwei Jahrzehnten begleitet sie Einsteiger*innen, Fortgeschrittene und Profis auf ihrem Weg – mit einem besonderen Fokus auf Qualität, Handwerk und tiefem Verständnis für Spirituosen und Cocktails.

Matthias Knorr ist mehrfacher deutscher Meister im Flair-Bartending, Guinness-Weltrekordhalter und Mixology-Award-Gewinner. Als Cognac BNIC Educator, Certified Advisor of Spirits (by Deibel)® und IHK-Fachprüfer bringt er Fachwissen und Praxis auf internationalem Niveau zusammen. Er entwickelt Barkonzepte für namhafte Unternehmen, schult Teams weltweit und bleibt dabei seinem Anspruch treu: Wissen klar, lebendig und fundiert zu vermitteln.

Mit *Cocktail Essentials* möchte er all das zugänglich machen – für Profis und Genießer gleichermaßen. Denn gute Drinks beginnen mit einem Verständnis für das, was sie ausmacht: Struktur, Aromen, Herkunft und Technik. Dieses Buch ist mehr als ein Rezeptbuch. Es ist ein Werkzeugkasten, ein Leitfaden und eine Einladung, sich tiefer mit der Welt der Spirituosen und Cocktails zu beschäftigen – und seinen eigenen Weg darin zu finden.

Matthias Knorr lebt in München und ist am liebsten dort, wo gute Gespräche, echte Aromen und ein liebevoll gemixter Drink aufeinandertreffen: an der Bar.

www.barschule-muenchen.de
Instagram: @cocktailessentials_official

Die Sponsoren

MBG ist einer der führenden Markeninkubatoren Europas – mit Hauptsitz in Paderborn, über 250 Millionen Euro Jahresumsatz und internationaler Präsenz in mehr als 60 Märkten. Seit über 30 Jahren baut MBG starke Marken auf, bringt sie in die Regale und Bars, erobert mit ihnen die digitale Welt und nicht zuletzt die Herzen der Konsumenten: darunter effect, Scavi & Ray, Goldberg and Sons, Salitos, 9 Mile Vodka und viele mehr. Ob Premiumgetränk, Lifestyleprodukt oder gastronomisches Konzept – MBG vereint kreative Markenentwicklung mit kompromissloser Distributionspower. Mit einem ausgezeichneten internationalen Vertriebsnetz, starker Handels- und Gastronähe sowie einem exzellenten Gespür für Trends wird aus (fast) jeder Idee eine Erfolgsmarke.

www.mbgglobal.com

Campari, die ikonische unvergessliche rote italienische Spirituose, ist das Herzstück einiger der berühmtesten Cocktails der Welt. 1860 in Mailand von Gaspare Campari gegründet und von seinem Sohn Davide weiterentwickelt, vereint Campari Tradition und Innovation in einem unverwechselbaren Getränk. Die leuchtend rote Farbe und der einzigartige Geschmack entstehen durch die Infusion von aromatischen Kräutern und Früchten in Alkohol und Wasser. Campari ist nicht nur ein Klassiker, sondern auch eine Inspirationsquelle für Barkeeper*innen, die regelmäßig neue Varianten dieses ikonischen roten Bitters kreieren.

www.campari.de

Mit über 50 Jahren Erfahrung ist **Fuchs Gastronomiebedarf** ein verlässlicher Partner der Bar- und Gastronomieszene. Unter den Marken Tom Fox, Bottle Master und DELFIN entwickelt und produziert das international tätige Familienunternehmen hochwertige Produkte, die in Bars weltweit für effizientes Arbeiten, stilvolle Präsentation und echte Barkultur geschätzt werden.

www.fuchs-gastro.de

Pernod Ricard Deutschland repräsentiert ein prestigeträchtiges Portfolio von Premium- bis Luxusmarken wie Absolut Vodka, Ramazzotti, Ballantine's, Chivas Regal, Lillet, The Glenlivet, Jameson, Havana Club, Malfy Gin, Malibu sowie Mumm und Perrier-Jouët Champagner. Die langjährige Kooperation mit der Barschule München fördert die Weiterentwicklung der Barszene und unterstützt junge Bartender*innen auf ihrem Weg zu Exzellenz.

www.pernod-ricard.de

Was vor rund 100 Jahren mit dem Lebenstraum von Margret und Karl Voelkel begann, führt die Familie bis heute mit Begeisterung für die Vielfalt der Natur fort. **Bio-Safterei Voelkel** verarbeitet ausschließlich biologisch hergestellte Zutaten und ist ein Unternehmen, das sich für eine enkeltaugliche Landwirtschaft und ein faires Miteinander einsetzt. Voelkel ist im Besitz gemeinwohlorientierter Stiftungen, die den nachhaltigen Wandel in der Landwirtschaft fördern.

www.voelkel.de

Diversa – Passion for Spirits since 1972. Seit über 50 Jahren verbindet Diversa Spezialitäten die Spirituosen-Welt unter einem Dach. Mit Marken wie Underberg, Asbach und PITÚ sowie international bekannten Brands von Herstellern wie Lucas Bols, Heineken und Osborne bedient das Unternehmen den Handel und die Gastronomie in Deutschland. Diversa setzt auf Innovation und Expertise im Bereich „No and Low Alcohol" sowie Ready-to-Drink Produkte.

www.diversa-spez.de

Beam Suntory Deutschland ist eine führende Gesellschaft im Vertrieb und Marketing von Premiumspirituosen. Zu den bekanntesten Marken zählen Jim Beam Bourbon, Laphroaig, Maker's Mark, Hibiki, Roku Gin und Brugal Rum. Mit einem breiten Portfolio von renommierten Whisk(e)ys und Gins sorgt Beam Suntory für hochwertige Spirituosen und innovative Cocktails.

global.suntoryglobalspirits.com/de-de

APS Glass & Bar Supply bietet erstklassige Glaswaren und Barzubehör führender Marken: Onis (europäischer Glashersteller), RCR (italienischer), Luigi Bormioli (italienischer), La Rochere (französischer Glashersteller). Im Bereich Barzubehör führt APS die Marke 47 Ronin Barware, die in Bars weltweit geschätzt wird.

www.apssupply.com

Ferrand Deutschland ist die Filiale von Maison Ferrand, einem unabhängigen französischen Produzenten hochwertiger Spirituosen. Zu den bekanntesten Marken gehören Planter's Rum, Citadelle Gin und Ferrand Cognac. Diese edlen Spirituosen sind die idealen Komponenten für viele Cocktail-Kreationen und trugen maßgeblich zur Entstehung dieses Buchs bei.

www.ferrand-spirits.de

Seit 30 Jahren ist **Sierra Madre** ein engagierter Partner der Bar-Community. Als Importeur und leidenschaftlicher Partner für ikonische Marken wie Fee Brothers, Hayman's Gin, Mezcal San Cosme und Corralejo Tequila vereint das Unternehmen Tradition und Innovation. Die enge Verbindung zur Barszene prägt die Sierra-Madre-DNA bis heute.

www.sierra-madre.de

Fabbri ist bekannt für seine Spitzenprodukte im Bereich Sirupe, Fruchtzubereitungen und Barzutaten, die seit über 100 Jahren weltweit in der Gastronomie geschätzt werden. Mit Produkten wie dem berühmten Fabbri Amarena und Fabbri-Sirupen unterstützt das Unternehmen die Barszene mit Zutaten, die in klassischen und modernen Cocktails unverzichtbar sind. Ihre Qualität und Authentizität sind eine perfekte Ergänzung für jede Bar und Cocktailkreation.

de.fabbri1905.com

Bitter Ernst – die Bitter-Revolution in einer Flasche. Hinter der innovativen Bitter-Spirituose stehen Matthias Knorr und Dr. Gerrit Blümelhuber, zwei Experten, die mit Bitter Ernst klassische Aromen neu interpretieren. Matthias Knorr, Gründer der Barschule München und mehrfach ausgezeichneter Barmeister, sowie Dr. Gerrit Blümelhuber, der Stratege mit wissenschaftlichem Hintergrund, haben gemeinsam eine Spirituose entwickelt, die als vielseitige Alternative in anspruchsvollen Cocktails Maßstäbe setzt. Mit der Bitter Ernst Society haben sie eine neue Bitter-Kultur ins Leben gerufen – geprägt von kompromissloser Qualität, handwerklicher Perfektion und der Vision, klassische Bitter neu zu denken. Die Kombination aus Wacholder- und Whiskey-Noten, Früchten und Gewürzen macht Bitter Ernst zu einem einzigartigen Erlebnis.

www.ernst.wtf

Rezeptverzeichnis

Impressum

Bildquellen: **Alle Fotos stammen vom Autor Matthias Knorr.**
Die Videos stammen ebenfalls vom Autor in Zusammenarbeit mit MBG.
Ausnahme sind folgende Fotos: Alt, Andreas: S. 201 M.;
Dang, Hoang: S. 201 zw.v.o.; Debus, Volker: S. 201 o.;
Hiltebrand, Meta: S. 200, 201 u.; Schned, Franz: S. 201 zw.v.u.
Shutterstock.com: barmalini: S. 70; Erhan Inga: S. 62; Jose de Jesus Churion Del: S. 43; nattharit poungpath: S. 83; Nawamin: S. 48; Peter Menzel: S. 39; Svitlana Jasna: S. 47; Tanya_mtv: S. 59; wjarek: S. 74

Die in diesem Buch enthaltenen Empfehlungen und Angaben sind vom Autor mit größter Sorgfalt zusammengestellt und geprüft worden. Eine Garantie für die Richtigkeit der Angaben kann aber nicht gegeben werden. Autor und Verlag übernehmen keine Haftung für Schäden und Unfälle. Bitte setzen Sie bei der Anwendung der in diesem Buch enthaltenen Empfehlungen Ihr persönliches Urteilsvermögen ein. Der Verlag Eugen Ulmer ist nicht verantwortlich für die Inhalte der im Buch genannten Websites und Videos.

Bibliografische Information der Deutschen Nationalbibliothek
Die Deutsche Nationalbibliothek verzeichnet diese Publikation in der Deutschen Nationalbibliografie; detaillierte bibliografische Daten sind im Internet über http://dnb.d-nb.de abrufbar.

Wollgrasweg 41, 70599 Stuttgart (Hohenheim)
E-Mail: info@ulmer.de · Internet: www.ulmer.de

Projektleitung: Jennifer Zajonz, Ina Vetter
Lektorat: Claudia Boss-Teichmann
Herstellung: Verlag Eugen Ulmer
Innen-Gestaltung: siegel konzeption | gestaltung, Stuttgart
Umschlag-Gestaltung: Anette Vogt, www.redsign.de, Stuttgart
Satz: Antje Warnecke, nordendesign.de
Reproduktion: time:ray, Jettingen
Druck und Bindung: Pustet, Regensburg
Printed in Germany

MIX
Papier | Fördert gute Waldnutzung
FSC® C014889
FSC www.fsc.org

ISBN 978-3-8186-2585-6